×

弁護士は
こう表現する

裁判官は
ここを見る

起案添削教室

弁護士 **牧田謙太郎** × 裁判官 **柴﨑哲夫**

学陽書房

まえがき

　本書は，「弁護士になったけれど，いつも起案に苦労して筆が進まない」とか，「一生懸命準備書面を書いて提出したけれど，裁判官からいつも突っ込まれる」とか，「電話で話せばわかるのに，手紙を書いて依頼者や相手に送ると険悪になる」などの悩みをお持ちの皆さんに向けて書いた，起案のポイントを示す本である。また，これから弁護士になる司法修習生や弁護士を目指す法学部，法科大学院の学生の方や一般の方が読んでもわかるように平易に書かれている。

　本書は２部構成になっている。

　第１編では，なぜ弁護士の起案は大変なのかということを，私なりに解釈して整理した。起案なんか簡単だよ，というつもりは全くない。私も，弁護士の起案は難しいと感じている。そして，よい文章とは何か，そしてよい文章にするためにはどうしたらよいかを示した。特に回りくどい長文（一文が長い文章）を書いて，何か腑に落ちないと思う人はじっくり読んで欲しい。ここを読むだけで自分の文章がぐんと良くなると思う。

　第２編では，弁護士が遭遇するシチュエーションに応じて，具体的な起案を示した。この事例や各起案は，もちろん架空の事例である。しかし事例や起案の例は，私自身の失敗例や他の弁護士の起案例などを参考にしている。そして，どこが失敗なのか，それを直すとどうなるかを示した。目次を見ればわかるように，絶対に遭遇したくないような状況の起案もある。万一のときにどのように対処したらよいかなど，起案以外の話も載せているので，是非参考にして欲しい。

　そして，前著『裁判官はこう考える　弁護士はこう実践する　民事裁判手続』に引き続き，柴﨑哲夫裁判官にコメントを頂いた。各項目末に，「裁判官からひとこと」というコーナーを設け，弁護士である私の論に対して「ひとこと」述べてもらうスタイルである。

柴崎裁判官は本書執筆時，東京高裁民事部において勤務されている。弁護士の書面に加え，一審裁判官の判決を検討するという「読み三昧」の仕事をされておられる。そのような読み手としての立場から，率直なご意見を伺った。私も，そしておそらく皆さんも，自分が書いた書面が裁判官に伝わっているだろうか，どうやったらきちんと伝わるだろうかと日々悩んでいると思う。柴崎裁判官のコメントを読むと，裁判官だから特別なことをするというのではなく，あまり肩ひじ張らないで，わかりやすく書けばよい，ということがわかるのではないだろうか。

　最近，新人や若手弁護士が気軽に相談できる先輩が身近にいないようである。その相談したいことの一つが，どのように起案すればよいのか，ということであろう。書き方がわからない，うまく書けずに時間がどんどん過ぎていく，後回しになって事件処理が遅くなる，気に病んで仕事ができなくなる……。そんな悪循環に陥ってしまうケースもある。せっかく弁護士になったのだから，起案の悩みでへこたれないで欲しい。起案が苦手なら，起案を手なずけて得意になればいい。そして明るく，楽しく仕事をして欲しい。そんな気持ちで本書を書いた。少し期が上の先輩弁護士や先輩裁判官に相談しに行くように，気軽に読み進めて欲しい。

　本書をきっかけに，皆さんの起案に対する苦手意識が少しでも解消されることを願っている。

2020年1月吉日

弁護士　牧田　謙太郎

弁護士はこう表現する　裁判官はここを見る

起案添削教室

第1編 | 基礎知識編
－法律実務家のための文章講座

4 財産分与と共有物分割

5 仮差押命令申立事件で，債権者の認否を求める???

基礎知識編

－法律実務家のための文章講座

第1編では主に，文章作成における
「基本的だが大切な約束事」について記している。
「具体的な起案添削の例から読みたい」という場合には，
第1編を飛ばして第2編から読んでいただければと思う。

反対に，「自分の文章にニガテ意識がある」方は，
ぜひ第1編からじっくり読んでみて欲しい。
法律文章の作成においてありがちなつまずきはもちろん，
読みやすい文章を作成するためのポイントや心構えからまとめている。

当たり前のような話も多いかもしれない。
だが，「全ての約束事を普段から完璧に守れているか？」
と問われれば誰でも怪しくなってくる。
まずは，おさらいのつもりで読み進めて欲しい。

第1章

なぜ文章作成術が必要なのか

1 作文・論文作成・司法試験……
いろいろやったのに！ なぜ文章作成は苦手？

❶ 弁護士は文章作成から逃れられない

　他の弁護士と事件を共同で受任することがある。依頼者から事情を聞き，証拠書類を受けとった後，二人で仕事を分担することとする。判例調査と訴状の起案，どっちがいいかと聞かれれば，大方の弁護士は判例調査，と答えるだろう。弁護団会議でも，10人くらい人が集まって活発に議論をした後，「では，今日の議論を踏まえて誰か準備書面を書いてくれますか？」と募った途端，皆な下を向いてしまう。

　起案が得意で好き，という人もいるだろう。しかし大部分の弁護士は，起案や文書作成が苦手で，苦手意識ゆえに後回し，となっているのではないだろうか。この本を手にとられた読者の皆さんも，文書作成がなければ，弁護士生活はもっと楽しいのになあ，と夢想したことはないだろうか。私も，書いたり消したり直したり，苦労しながら起案をしている。

　では，私たち弁護士は，文章作成から逃れられるのか。言うまでもない。答えは「ノー！」である。それは，弁護士だから，ということに尽きる。このことは他の専門家と比較すればよりはっきりする。

　司法書士（簡易裁判所訴訟代理等関係業務を除く）は登記申請に関する書面を正確に作成することを期待されている。税理士は多くの数字を整理し，決算書や申告書を正確に作成することが期待されている。他の専門士業においても，多くは定型的な書面を正確に作成されることが要求されている。非定型的な書

面を作成することは求められていない。もちろん，イレギュラーな事件の場合は法務局や税務署に対し別途説明する書面を作成・提出する必要があるだろう。しかしそれは例外的である。独創的な登記申請書や決算書，というものは見たことがないし，そんなものを作成して提出すれば，受け取る役所から疑義が呈され，すんなり進むはずの手続が終わらない，という事態になる。

　弁護士は全く逆である。一人一人の依頼者によって事件は全く異なる。訴状，答弁書，準備書面，陳述書など，裁判所に提出する書面は事件が違えば最初から作らなければならない。また，刑事事件と民事事件でも作成する書面は異なるし，裁判外の文書でも，交渉相手や依頼者，被害者，第三者など読ませる相手も多岐にわたる。弁護士は仕事を遂行するために，多種多様な書面と格闘しなければならない。

　文書作成から逃げるわけにはいかない。

❷ 弁護士は書面作成が得意だと思われている

　そして弁護士は世間の人から，自分たちには書けない法的な書面を作成してくれる，と期待されている。交渉や民事裁判は本人でもできる。しかし多くの人々がお金を払って弁護士に依頼するのは，弁護士が，自分の主張を法的にまとめて立派な書面にしてくれると信じているからである。相談者から「自分がいくら手紙を送っても軽くあしらわれる。弁護士さんから内容証明を一通出してもらえればびっくりしてお金を払って来るはずです。」などと言われることは珍しくない。

　世間の人々にとって，法律は難しく，とっつきにくい。その難しい法律を駆使して弁護士は書面を作成する。そうであれば，弁護士は文章を作成するのが得意なのだろう，難しい文章を作成する能力を持っているのだろう。そのように，世間では考えられている気がしてならない。少なくとも，相談者の前で，「私，書面作りは苦手なんです。」と言ったら，その人は二度と事務所に来てくれない。弁護士ブログで「起案に追われて大変です。」と書いたなら，「この先生は事件をたくさん抱えていて忙しいんだな。」と好印象を持たれるかもしれないが，「起案は苦手で筆が進みません。」と書いたら能力を疑われ，仕事の依

頼は来なくなるだろう。

❸ なぜ文章作成がうまくいかないのか

世間から期待されるように，弁護士であるならば文章が得意だ，というのであればなんの悩みもない。しかし冒頭で述べたとおり，文章作成が苦手と感じている弁護士は少なからずいる。

ではなぜ，苦手なのか。われわれ弁護士は，研修所でみっちり起案をさせられたのではないか。遡れば，論述式の司法試験をパスしたのであるし，それ以前に小・中学校では作文や感想文，高校では小論文，大学では卒業論文など，文章を書く訓練を受けてきたはずである。これらの努力は無駄だったのか。文章を上手く書けない悩みは，「何年も英語を勉強してきたはずなのに未だぺらぺら話せない。」という悩みと同じなのか。

絶望しても問題は解決しない。「文章作成が苦手」と言う前に，まず弁護士はどのような文章を書かなければならないのか，考えてみよう。

2 法的書面の特殊性

❶ 単純明快な文章が求められている

まず，弁護士が仕事で作成する書面は，一読して意図が伝わる文章でなければならない。この点は文学作品と異なる。読み手が行間を読まなければならない文章や，後世に解釈の余地を残すような文章は避けるべきであろう。これは弁護士の文章だけに限らない。多くのビジネス文書に共通する。

文章をわかりやすく，単純明快にするために気を付けるべき約束事がいくつかある。主語と述語が対応しているか，接続詞は正しく使われているか，短い文章でテンポ良く書かれているか，などである。これらは様々な文章術の本でも繰り返し説かれている。

これまで単純明快な文章に気を配ってこなかったという方。残念ながら学校の作文や小論文の時間では，きちんと身につかなかったのかもしれない。ある

いは，学校時代はできていたが，大人になって文章を指導する人＝教師がいなくなってしまい，悪癖が身についてしまったのかもしれない。思い当たることがある人は，これらの約束事を守るだけで自分の文章が読みやすくなるはずである。本書では主に本編第2章で触れる。

❷ 法的三段論法を踏まえている

　では，弁護士の作成する法的書面は，わかりやすければよいのだろうか。

　民事であれ，刑事であれ，法律は論理的にできている。そしてそれは法的三段論法による。簡単に言うと，大前提として法律という規範がある，小前提として具体的事実が存在する，結論として法律が適用される結果が生じる，ということである。大学に入学した最初の授業で教わったな，と懐かしくなる。日常の仕事で「法的三段論法」という言葉を意識することはない。しかし民事事件の要件事実や刑事事件の構成要件での主張は大前提としての法律規範を解釈した結果である。依頼者から事情を聴取したり証拠を吟味したりするのは，小前提としての具体的事実の立証のためである。そしてその結果，勝訴か敗訴か，有罪か無罪かは結論として法律が適用されたことによる。

　弁護士を含め法律家の思考の中心は，法的三段論法である。法律家は日常の裁判手続において，法的三段論法を離れて仕事をすることはない。依頼者が希望する結果について，どんなにそれが妥当と考えても法律の適用がなければ実現されない。「先生，なんで私の主張が通らないのですか。」と言われても，「残念ながら法律がないからです。」と説明することになる。法廷でこれまでにないような新しい主張をすることもある。しかしそれは既存の法律を解釈すれば可能である場合に受け入れられることである。法律の解釈を超えて主張するのは立法の提案であり，社会的運動や政治的活動と考えるべきであろう。法律家にとっても，社会的運動や政治的活動は重要だと思う。ただ，法的書面を作成する場面では，法的三段論法を意識しなければ相手にされない。いくら理路整然，単純明快でもだめである。あるべき結論ばかりに目が行ってしまい，法律の解釈を踏まえない法適用や，証拠と乖離した事実の主張は，法的書面とは言えない。

ここでは，まず上記の原則論をしっかり確認しよう。

❸ 法的三段論法だけではおさまらない

　では，弁護士が作成する法的書面は，法的三段論法を踏まえてさえいればよいのか。それだけでは収まらないことは，読者の皆さんも経験されているだろう。民事裁判では，まず依頼者の相談事を聞き，依頼者が持ち込む生の言い分から小前提である事実を探し出し，これに適合する大前提となる法令を探し出す，という手順で物事を考えていることがほとんどだろう。この過程で，我々弁護士は要件事実や構成要件とは無関係な事実にさらされることになる。そのため，つい要件事実と関係ない事実について延々と主張することがある。また依頼者が大事だと思う事実について，「それは法的主張としては無意味だから書面に書きませんよ。」と頭ごなしに否定するのは難しい。万一裁判で負けたとして，その原因が先の依頼者の主張とは全く関係ないことであったとしても，「先生は私が裁判で主張してくださいとお願いした事実について『無関係だから』と言って取り合ってくれなかった。だから負けたんだ。」などと言われるおそれがある。言われるだけならばまだよい。懲戒請求や損害賠償請求をされるかもしれない。

　また，依頼者が書いてくれと強く言うから書いた，という消極的な理由だけでなく，要件事実とは無関係な事実についても書く方が，より裁判官の心証にアピールできるのではないか，と思うときがある。前著『裁判官はこう考える弁護士はこう実践する　民事裁判手続』（学陽書房，2017 年，以下『民事裁判手続』）においても，柴﨑裁判官は，「訴状には請求原因事実しか書かないというのは好ましくない，紛争の背景となった一連の事実関係がわかるように，これらの事実も重要な間接事実に記載して欲しい」と述べている。他方，「訴状はいわゆる『読み物』ではないのだから，紛争の実態を明らかにすることに力点を置きすぎるのも良くない」とも述べている（同書，68 ～ 69 頁）。

　このように，弁護士が作成する法的書面は法的三段論法だけでは足りない。依頼者ごと，事件ごとに紛争の背景を踏まえた事実まで記載しなければならないのである。そのため書面は毎回フルオーダーとなり，書面作成に多くの時間

と労力を充てる必要がある。しかも何を書けば裁判官にアピールできるのか，ということについて正解はない。このことも，弁護士が法的書面を作成するにあたり難しいと感じる理由であろう。

3 「法的」だけでは足りない

❶ 様々な読み手がいる

　更にやっかいなのは，弁護士が作成する文書は，裁判官や相手方弁護士，検察官という法律家だけに読ませるものではないということである。法律家でない相手方と交渉するための書面は，法的な主張をちりばめつつ，よりわかりやすくかみ砕いて説明する必要があるし，あえて非法律的な，依頼者の気持ちや情を相手に伝える表現も必要であろう。より読み手を意識して作成する必要がある。

　そして相手方に送った書面が，後にどのように使われるかも想定する必要がある。例えば，書面を受け取った相手方が弁護士に相談することは当然想定すべきである。また今後裁判となった場合に，自分が送った文書が相手方から証拠として提出されることもある。そうであれば，弁護士相手でないからといって情緒的に過ぎる書面を送ったり，訴訟できる事案ではないのに「お返事がない場合は訴訟に訴えます。」などと断定したりすると，後で自分の首を絞めることになりかねない。法的書面を作成するという前提に立ち，かつ一般の方にわかりやすく，時に依頼者の気持ちを押し出し，かつ法的表現から離れすぎない，ということだろう。

❷ 法的でない文書を作成する能力も必要

　そして，弁護士は法的でない書面を作成すべきことも多い。例えば，刑事被告人を弁護する立場から，被害者へ被害弁償を申し入れる手紙がある。この手紙の目的は，被害者に被告人の謝意を伝え，被害弁償に応じてもらうこと，である。そうであれば，被害者の立場や気持ちに思いを馳せ，どのような言葉で

文章を紡いでいくのか，慎重に考えなければならない。弁護士は法律家であるから，法律的な話をすればよい，とばかりに杓子定規な手紙を送ったり，用件だけ書いた手紙を送ったのでは，受け取る被害者が不快に思うだろう。そんなことでは，被告人の謝意を伝え，被害弁償に応じてもらう，という手紙の目的は達し得ない。

依頼者を説得するための手紙なども同じである。事件の経過を報告し，見通しを説明した上で和解をするならばこの条件で，という説得をすることは珍しくない。いわゆる士業で，依頼者にそのような手紙を書いているのは弁護士くらいであろう。そこでの説得の文章が，事件の結果を決めるということもある。

4 文章術を会得する方法

❶ いつどこで文章術を会得するのか

このように，弁護士が作成すべき文書は様々な視点で作成されなければならない。これは，学校の作文や読書感想文，小論文とはだいぶ違っている。司法研修所で与えられた起案作成とも違う。被害者宛の手紙など，集合修習で書くことはない。実務修習でも目にする機会すらなかったという方もいるだろう。我々弁護士は，弁護士になる前に一定程度の文章作成の訓練を受けてきた。しかしそれで全てをマスターできたのではない。

司法研修所の卒業試験とは，法律実務家として仕事をするために最低限の知識・素養を備えているかを試すだけである。事件の見通しや解決をする力などは仕事をしながら会得していくものであるし，それらは経験とともに厚くなっていく。

文章術も同じではないだろうか。若いときに書いた書面はどこかぎこちなかったのが，その後徐々に磨かれていき，だんだん無駄のないすっきりした書面になっていくのだろう。経験を積んだ先輩弁護士の文章は，簡潔でかつ要領を得ていることが多い。それは，文章作成で多くの試行錯誤を繰り返した結果，徐々に自分の型ができていくからだと思う。

また作成した書面で事件が上手く解決したり，逆に失敗をしたりという経験を通じて，何を書いたらよいのか，何を書いたらダメなのかがだんだんわかってくる。

　そして，先輩弁護士の良い起案や，ときには相手方弁護士の良い書面など，身近にある文章を手本にして自分のものにしようとする。まさに日々の仕事の中で，少しずつ身につけていくというのが現実だろう。

　文章術は一日にして成らず。

❷ 身近に手本がないあなたへ

　とはいえ，最近の弁護士をとりまく環境は昔に比べて悪化している。宅弁や即独など，司法修習終了後，先輩弁護士の指導を受ける機会もなく一人で開業せざるを得ない弁護士も少なくない。またすでにある事務所に入っていたとしても，所長や先輩弁護士が忙しかったり，気むずかしそうで気軽に質問ができなかったり，ということもある。ダメ起案を見せると，事務所にいられなくなるのではないか，という不安もある。あるいは，立派な書面を書いて，先輩や同期から一目置かれたいという野心をお持ちの方もいるだろう。

　そこで，本書の出番である。

裁判官からひとこと

1　文章作成は，裁判官にとってもつらい

　弁護士は，文章作成は苦手だと思っても，あるいはそう叫びたくなっても，文章作成から逃れられないのだ。そして，弁護士たる者は，依頼者をはじめ一般の人たちからは，書面作成が得意だと思われているのである。……牧田弁護士からは，弁護士にとって手厳しいというか，耳が痛くなるような言葉が投げかけられている。私自身が弁護士でないから軽々しく言えることであるが，「弁護士はつらいなあ」。

　さて，裁判官はどうなのだろう。「文章作成は苦手だ」と思っても，判決を書かずに職務を全うできる裁判官などいるわけがない。もちろん，和解を成立させることに長けていて，判決を書く件数を少なく抑えることができる裁判官が存在することも確かではあるが，そのような裁判官であっても，手持ち事件の全部について判決を書かずに終わらせることなど不可能である。つまり，裁判官もまた「文章作成からは逃れられない」のである。そして，裁判手続に縁のない一般の人たちは，裁判官の仕事というのは判決を書くことが中心だと思っているのではないだろうか。かくして，裁判官もまた「書面作成が得意だと思われている」といってよいだろう。

　今更言うまでもないことであるが，弁護士も裁判官も，法的紛争を解決するのが仕事である。そして，紛争を解決するためには，弁護士は裁判官に宛てた訴状，答弁書及び準備書面という文書を通じて，紛争の実態を明らかにするとともに，自分の側の言い分が正当であることを訴える。民事訴訟手続においては「口頭主義」が採用されているとはいえ，主張を正確に記録化して残しておくためには，弁護士からの書面を欠くわけにはいかない。民事訴訟法の概説書では，「口頭主義を補完するものとして書面が利用されている」と説かれている。

他方，裁判官は，証拠に基づいて事実を認定し，原告と被告のどちらの言い分が正当といえるかについての判断を，判決書という文書を通じて明らかにする。なお，判決書は，上訴審の裁判官に対しても，「原審としてはこのように判断しました（そして，このような判断が正しいものと信じているところであります。）。」という主張をアピールする機能も有している。そして，裁判官は，判決書を作成するに当たり，当事者双方及び上訴審裁判官を説得できるような文章を作成しようと奮闘しているのであって，裁判官もまた弁護士と同じように，文章作成に苦しんでいるのである。

2 文章作成は，弁護士にとってはもっとつらい

　さて，そうはいうものの，裁判官の文章作成における苦しみは，弁護士のそれと同じ程度のものなのだろうか。答えは「否」である。裁判官よりも弁護士の方が，より大きな苦しみを感じているのではないかと思う。

　裁判官は，判決や決定等の裁判書以外の文書を作成する機会はそれほど多いとはいえない。考えられる場面としては，期日間に和解案を提示するために，和解案の内容とその根拠を文章にしたためてそれを代理人事務所にファックスで送信したり，ごく稀ではあるが終結後に弁論再開をしたりしなければならないと判断した場合には，その理由を文書化して，同じく代理人事務所にファックスで送信することくらいであろうか（終局判決以外に起案をする場面としては，中間判決や一部判決というものも制度として存在するが，これを活用する事件はほとんどお目にかかったことがない。）。

　これに対して弁護士は，裁判手続以外の場面で書面を作成することが，結構多い。その代表例が，提訴前の交渉で活用される「内容証明郵便」である。裁判官の場合は，裁判手続を離れたところで職務上書面を作成することなど考えられない（裁判官も組織内の人間であるから，給与関係や扶養関係の書面を作成して事務局に提出することはあるが，それはまた別の話である。）。

　こうしてみると，裁判手続において文章を書かなければならない場面に遭遇するのは，裁判官よりも弁護士の方がはるかに多いということがいえる。その

帰結として，文章作成における苦しみは，裁判官よりも弁護士の方が大きいということがいえるであろう。

3 文章作成はつらい……でも楽しくなることも

　思い起こせば，小学校の国語の授業のときに，先生から「今日は作文を書いてもらいます。」，あるいは「夏休みの宿題として，読書感想文を書いてもらいます。」と言われて，「やったー！」と喜んだ人は果たしてどのくらいいたであろうか。先生から「作文」，あるいは「感想文」という言葉を聞かされると，教室全体が「あ〜あ」と意気消沈した雰囲気に包まれたのではなかったか。これほどまでに，「作文」すなわち「文章の作成」というのは，みんなに嫌われているものなのである。

　ところで，文章作成というものはどうしてそこまで嫌われるものなのであろうか。もちろん，文章作成も「作業」の一種であり，「作業」というものは一般的にはやらずに済ませられれば，それに越したことはない。文章作成に労力を使わずに目的を達することができるのなら，労力を惜しみたくなるというのはごく自然なことである。その点をひとまず措くとして，文章作成が「つらい」，「嫌だ」という気持ちを起こさせるものは，一体なんなのだろうか。

　そのような疑問についてあれこれ考えていたところ，ふっと思い出したことがある。実のところ，私自身も御多分に漏れず，小・中学校の頃は作文が大嫌いであった。しかし，高校生の頃からちょっと考え方に変化が見られるようになったのである。それは，部活動の際に，部員がノートを回し合って，他愛もないこと（具体例を挙げると，自分の好みのアイドル歌手は誰かといったような話題である。）を書きなぐって次の人に渡し，渡された人がまた他愛もないことを書きなぐる（もちろん，ノートを受け取ったら，他の部員が先に書き込んだものに目を通す。）ということをしていたが，２学期の終業式の日に私にこのノートが回ってきて，終業式の日から３学期の始業式の日まで（合計で２週間くらいであった。），「冬休み日記」と称して毎日くだらないことを書きなぐっていたのである。私はこのとき初めて「文章」，というよりは「とるに足ら

ぬ内容ばかりのくだらない文」を書くことに楽しみを覚えたように思う。

　また，私は，10年余り前に約2か月間にわたって北米に出張し，現地の裁判所を見聞する機会を得たが（1人旅である。），その際に日本の立会書記官に宛てて連日のように，その日に見聞したこと（裁判手続だけではなく，それ以前から興味を持っていたカナダのケベック州の歴史〈英仏の植民地闘争〉に関する資料の博物館や美術館を見学した際の印象，そして夜に出掛けたクラシックのコンサート，休日に出向いたブロードウェイ・ミュージカルやメジャーリーグの試合で得た感動等）を，「北米だより」と題したメールで送信していた。今振り返ってみると，そのときは日本語を話す相手が周囲にいなかったという事情もあって，毎晩ホテルの客室で，立会書記官宛のメール（もちろん日本語である。）を作成して送信する「作業」が楽しくてたまらなかったのである（なお付言するに，この北米出張の成果については，裁判所にレポートを提出しており，決して物見遊山を目的に北米に出掛けたわけではない。）。

　この「部のノート」の一件や「北米だより」のメールの一件について，冷静に（？）分析してみると，書きたい内容が自然に湧きあがってきて，あれこれ悩むことなく筆がすらすらと進んだということがわかる。推敲を重ねて記載したわけではないため，読み返すと構成がずさんな部分も多かったのではないかと思われるが，文章作成とは，すらすら書けると楽しくなってくるものである。

４　文章作成のつらさをなくすためには

　私の経験談を読んでいただいたことで，お気づきになったのではないかと思うが，何を書くかが決まってくるだけで，文章作成のつらさは相当緩和される。子どもの頃作文に苦しんだときのことを思い起こすと，最初は原稿用紙を前にして，「一体何を書こうか。」と思案することに頭を悩まし，そして「とりあえず○○のことを書いてみよう。」と思い立って筆を進め始めるものの，程なくして筆が止まってしまい，「この後に何を書けばいいのだろう。」とまた悩み始めてしまっていた。あのときの苦しみは，「何を書こうか」がはっきり決まらないうちに筆を進め始めたからだったように思われる。

文章を作成するに当たっては，事前準備をしっかりしているかどうかで，書き始めてからの作業の効率が大きく変わってくると思う。法的三段論法を前面に押し出した文章にすべきか，法律論を一歩引かせた文章にすべきか，ある程度情緒的なものを醸し出した文章にすべきかなど，これから書き出す文章をどのようにすべきかについて，イメージを持ち，事前準備をしっかりすれば，文章作成におけるつらさは相当減らすことができると思う。

5　弁護士であるあなたは，本当に文章作成が嫌いなの？

　「文章作成はつらい，それは裁判官にとっても同じ，でも弁護士にとってはもっとつらい。」と，弁護士にとって悲観的な内容で始まったと思いきや，「何を書くかをしっかり決めてから書き始めれば，つらさが相当緩和される」と楽観的な内容に変わったが，さて，読まされる側としては，「そんなに簡単につらさが緩和されるなんてあり得ない，よくもまあ気楽なことを書くもんだ。裁判官はやっぱり弁護士のつらさがわかっていないんだな。」と不満を抱き始めたかもしれない。

　でも，ちょっと待って欲しい。本書を読んでおられるあなたは，今現在立派な弁護士であるが，そもそもあなたは，文章を作成しないで弁護士業を生涯続けていられると思い込んだまま，弁護士になったのか。

　それはあり得ないだろう。牧田弁護士が書いているところの，「弁護士は文章作成から逃れられない」こと，一般の人たちからは弁護士は「書面作成が得意だと思われている」ことなどは，司法試験に合格する前からわかりきっていたことではないのか。

　もちろん，文章作成が好きでたまらなくて，訴状，答弁書，そして準備書面を書きまくりたいという思いから弁護士になった人はまずいないと思うが（そのような人はむしろ小説家や評論家を目指したであろう。），弁護士になると決心した時点で，文章作成を生涯続けることについての覚悟を決めたのではなかったか。

6 書面作成から外れたいのは，苦手意識が理由ではない？

　さて，牧田弁護士によれば，弁護団会議で議論をした後に，その結果を踏まえた準備書面の起案担当者を決めようとすると，皆なが下を向いてしまうという。そのような「現象」は，弁護団に参加している弁護士が全員，文章作成が苦手だからなのだろうか。私が思うには，むしろそうではなく，自分の仕事だと定められていないことを新たに押し付けられて自分の仕事が増えるのは嫌だという思いから，準備書面作成の担当を避けたいという気持ちが働いたからではないだろうか。

　裁判官の場合，合議事件であればいわゆる主任裁判官があらかじめ決まっており，その裁判官が判決のたたき台となるべき起案を最初に作成しなければならない。そして，合議体で誰が主任裁判官になるかについては，事件が受理された順番に割り振るなどの方式により，あらかじめかつ機械的に決められることが一般的であって，いわば「最初に割り振りを決められてしまっている仕事については，最後まで逃れることができない」のである。牧田弁護士の書いていた「弁護団会議」の例は，仕事の割り振りがあらかじめ決められていないことから生じる事態であって，「文章の作成」作業そのものによってもたらされる「苦しみ」が原因となって生じた事態とは言い切れないように思う。

7 さあ，牧田マジックで，文章作成能力を向上させよう

　さて，「楽観的というか，問題の本質をすりかえるような言葉を並べて，お前は一体何が言いたいのだ。」との疑問をぶつけられそうになってきた。私がこれまで書き連ねてきたことは，弁護士は文章作成から逃れられないとはいえ，覚悟はできていたはずであること，そして，誰もが文章作成の作業を回避したいという気持ちを持つのはやむを得ないものの，それは文章作成そのものがつらいということよりは，仲間がいる場面では他人にそれをやってもらいたいという気持ちが働いた結果にすぎないこと，そして，文章作成のつらさは，決して克服できないものではないはずであり，あらかじめ書くべきことを十分に見

定めることによって，つらさを軽減することが可能であることである。そして最後に言いたいことは，文章作成能力は弁護士であれば皆なが持ち合わせているものであり，努力をすれば，（多少の個人差が生じるものの）向上させることが可能だということである。

　文章作成能力が全くない，あるいは極めて低いような人は，そもそも二回試験（司法修習生考試）や司法試験，更にはそれより前の大学や大学院の入試に合格できるとは思えない。曲りなりにも弁護士資格を得ている人たちは，比較的高度の文章作成能力を備えているに違いないと，私は思う。

　裁判官の立場から言わせてもらうと，裁判官も，出来の悪い準備書面は読みたくないのである。裁判官は，判決を書く際に，当事者双方から出された具体的事実の主張を要約して，「争点」を明らかにしなければならないが，準備書面の出来が悪いと，その要約に困るのである。もちろん，準備書面を読んでもその趣旨が理解できない場合には，期日でその趣旨を問いただし，場合によってはその内容を調書に記載するという方法で解決を図ることになるが，準備書面を一読しただけで，当事者の意図するところが即座にかつ正確に把握できるのなら，それに越したことはない。

　本編第2章以降の部分では，弁護士が良い文章を書くためにはどうしたらよいかが明らかにされ，そして，読者に文章作成能力を向上させるための，「牧田マジック」が展開されることになる。弁護士の皆さんは文章作成能力がないわけではないのだから，現状に悲観することなく，牧田マジックによって文章作成能力を向上させるべく，努力を積み重ねて欲しい。弁護士になることを決意した時点で，文章作成のつらさを乗り越えてやろうという意気込みを持ち，そして現に弁護士資格を得ている読者の皆さんなら，必ず良い文章が作成できるようになる。

第 2 章

文章作成の約束事

1 「文章作成の約束事」とは？

❶ 約束事を考える

これから，より良い文章を作成するためのルール＝約束事を考えようと思う。

え，約束事を考えるとは一体なんだ？ 「文章作成の約束事」などという便利なものがあるのなら，もったいぶらずに早く示して欲しい，と思われた方もいるかもしれない。もちろん，本書の先をめくっていただければ，約束事はまとめてある。忙しい皆さんのこと，時間がない，というのであれば約束事のまとめから読んでいただいてもよい。

ただ，後に述べる約束事を，ひたすら覚えるということは，あまり意味がないと思う。私は暗記が苦手で，知能テストの間違い探し（学校で一斉にやった記憶がある。）ではうまくできず往生した。家族でトランプの「神経衰弱」をやると，ダントツビリである。羅列された約束事を順番に覚える，というのはかなりつらい作業だと思う。

また，決まりの類も，ただ「守りましょう。」と言われて守ろうとするのと，その決まりがある理由を理解した上で守ろうとするのとでは，遵守率は違うのではないだろうか。

ということで，約束事をいきなり提示する前に，まず，なぜ約束事なのか，どんなことを約束すればよいのか，など，一つ一つ考えながら話を進めていきたい。それに，暗記したことはいずれ忘れるが，考えたことは長く頭に残っていると思う。考え，理解した上で導かれた結論の方が，何かと応用が利くはずである。

❷ 誰との約束事か？

さて，文章作成のための約束事というテーマで，なんとなく「約束」という言葉を使ってきた。読者の皆さんは次の疑問をお持ちのことだろう。

誰との「約束」なのか。

著者である私たち？　自分自身？　事務所のボス？　いつも難しい顔をしている裁判官？　それとも生み育ててくれた両親？　卒業式で泣いてくれた恩師？

とっさにいろいろな人の顔が浮かんでは消えるかもしれない。しかしいずれも違う。

文章を作成するに当たり，守るべき約束がある。それは誰との約束か。

答えは，「その文章の読み手」である。

なんだ，そんな当たり前のこと，と聞き流さないで欲しい。読み手に配慮した文章を書こうと書き出しても，疲れてくるとだんだんいい加減になって最後は書きっぱなし，ということは誰にでもあると思う。また，イライラしたり感情的になったりしていると，読み手のためというよりも自分のストレス解消や憂さ晴らしのために書いていた，ということもある。書いた方はその場で投函なり送信なりしてすっきりするかもしれない。しかし受け取った方は困惑し，ときに苦痛を感じるのである。

読まれる相手がいるにもかかわらず，読み手の存在を無視したような文章・書面は珍しくない。

文章を作成するということは，必ず読む人がいるということをいつも考えよう。新聞記事はどうやったら読者に情報を伝えられるか，常に読み手を意識して製作される。難しい文章を書く小説家は，一般人に評価されなくても，自分の芸術を理解してくれる人がいるはずだと考え，その読者に向けて書いていると思われる。私的な日記ですら，将来の自分宛に書いたりと，少なくとも現在書いている自分が同時に読み手であると言えなくもない。子どもの頃，学研まんがひみつシリーズ「宇宙のひみつ」を読んでいたら，「宇宙人への手紙」が紹介されていて衝撃を受けた。カール・セーガンが監修した，惑星探査機パイオ

ニア 10 号に搭載された金属板である。その気になれば，宇宙人ですら書面の相手方になる（理解してもらえるかは定かではない。）。

このような極端な例を出すまでもなく，我々が作成する書面は必ず読み手が存在する。内容証明郵便の通知書は，宛先の相手方が読むことが想定されているし，民事裁判の準備書面は裁判官と相手方が読むことが想定されている。

文章作成の約束事は，文章の読み手と交わす約束事である。まず，このことが文章作成の約束事を考える出発点だと思う。

❸ 何を約束するのか？

次に，文章の読み手とどのような約束をすべきか，を考える。もちろん文章を書く前に相手方に電話をかけて「こういう書面を書きますので，ご了解ください。」と具体的に約束をするのではない。読み手がどんな文章を読みたいのか（もちろん内容の話ではない。文体や形式の話である。）を想定し，その期待を裏切らない，ということである。

では，読み手は皆さんに，どのような文章を書くことを期待しているのだろうか。

冒険小説であれば，最後までハラハラドキドキする文章，である。家電製品の取扱説明書であれば，図を多用しながら必要な情報が簡潔にまとまっている文章，である。

法律家が作成する文章は，本編第 1 章で述べたとおり多種多様である。ただ，共通して言えることは，次のような文章であると思う。

「わかりやすく，読みやすい文章」

このことは，自分が文章の読み手になったことを考えればよくわかる。何が書いてあるのかよくわからない書面を読むのは時間もかかるししんどい。同じ情報を伝えるのであれば，わかりやすく，読みやすい方が相手にかける負担は少なくて済む。自分が人にして欲しいことは，相手もそれを望んでいるはずである。そのような視点で，自分がもらったらうれしい文章を作成することを心がける必要がある。

2 わかりやすく，読みやすい文章は自分のため

　相手のためにわかりやすい，読みやすい文章を書こう，というと，とても献身的で自己犠牲的に聞こえるかもしれない。そのために余計に労力と時間を割くのか，とげんなりするかもしれない。しかも，その相手が毎回読みにくい文章を書く人であれば，尚更である。「お宅がいい加減にやるならうちもそうさせてもらう」と言いたくもなる。

　しかし考えて欲しい。いつも理路整然とした，わかりやすい文章を書く人がいるとする。あなたはその人をどう評価するだろうか。信頼できる，きちんとした人だ，と評価するのではないだろうか。例えば，自分のところに事件の依頼が来て，自分は引き受けたいが利益相反などで受けられない，ということがあったとする。その依頼人から，誰か弁護士さんを紹介してくださいと言われたとき，ああ，あの先生なら間違いないと，良い文章を書くその人を思い浮かべないだろうか。

　また，敵対する当事者がそれぞれ弁護士を依頼して交渉や裁判をしたとしよう。相手の弁護士からは説得力のある書面が出されるのに対し，自分の弁護士の書面はなんだかピント外れで読んでいてもわからない，ということであれば，依頼者は，あっちの先生に頼むべきだったかと不安になると思う。あなたがその「あっちの先生」だとしたら，どうだろう。この事件が解決した後，相手方から別件の相談を持ち込まれるかもしれない。利益相反や前依頼者との信頼関係があるため，引き受けるか否かは慎重に判断しなくてはならず，受任を断ることになるかもしれない。しかし，悪い気はしないではないか（くれぐれもおだてられて安易に引き受けてはいけない。）。

　わかりやすく，読みやすい文章を書く，というのは，その人が話を要領よく簡潔にまとめる能力を持っていることを示している。それは，そのまま弁護士の力量に直結している。そのような文章を書くというのは，派手なホームページや，電車のつり広告では得られない宣伝効果をもたらす。評判がよくなれば，新たな依頼に結びつくかもしれない。

そして，わかりやすく，読みやすい文章は，自分の思考を整理することになる。後で読んでもわかりやすいし，仕事の方針もぶれない。成果物として依頼者に書面の控えを渡せば，良い先生に依頼してよかった，と喜んでくれるはずである。何より，良い書面を書いているということは，自分への自信につながる。それらは，自分に対するメリットである。情けは人の為ならず。

3 わかりにくい書面を提出するとこうなる……

訴状や準備書面などを書いているときに，書きにくいなあ，すっきりまとまらないなあ，ということがある。それは文章力の問題であると同時に，事件の見立てや構成がうまくいっていないからかもしれない。いずれにしてもそのような場合は，思い切って書きかけの文章を一旦消して，事実や証拠や法律を検討し，方針を立て直す必要がある。締め切りが近いからと無理矢理書面にまとめてしまい，読み直しをせず安易に書面を提出したとすると，締め切りは守った，ということでその夜の酒はおいしくいただけるかもしれない。しかし幸せは長くは続かない。期日のときに，裁判官から「これはどういう意味か。」「矛盾しないか。」などと突っ込まれる。自分が出した書面について釈明を求められることは実に嫌である。挙句の果てには提出した書面に対し，「次回までに補充で説明する書面を提出します」ということを約束し，ようやく解放される。結果として仕事は増える，裁判官や依頼者から不信感を持たれる，相手方代理人から軽く見られる，という憂き目にあう。自分でもよくわからない書面を出すくらいなら，一度白紙に戻して再度時間をかけて検討し，一発で仕留める書面を書いた方がよい。

今，「仕留める」という言葉を使った。逃げ回る獲物を猟師が一発でモノにするように，原告と被告の間で絶えず揺れ動く裁判官の心証を，書面でこちらに引き寄せなければならない。そのために，わかりやすく，読みやすい文章が必要となる。

4 ご意見聞かせて！　裁判官！

　ここで，読み手としての裁判官と，書き手としての裁判官について，柴﨑裁判官に質問をしてみよう。

　まず読み手としての裁判官について。どんな本にも，「裁判官は忙しいから，一読して読めるわかりやすい書面を書きなさい。」という趣旨のことが書いてある。私も同じ考えである。というよりも，そうでないという人はいないだろう。わかりにくいよりもわかりやすい方がいいに決まっている。

　ところが私たちは一方で，こんな悪魔のささやきを耳にすることがある。「裁判官は自分よりも優秀だから，多少書面に粗があっても良いように読み取ってくれるはず！」。前ページの失敗例のように，期限が迫った週末前になると，このささやきが聞こえてくる傾向にある。

　果たして裁判官は，我々が書いた書面に対しどの程度大目に見てくれる（良いように解釈してくれる）のだろうか。一方の書面を大目に見る，ということは，他方からすると，裁判官が相手方の不出来を救済したようになり，「ずるい，下駄を履かせている。」ということになる。このあたり，裁判官としてはどう考えるのであろうか。

　次に書き手としての裁判官について。少し前まで，悪文の代表例として話題になったのが裁判所の判決文であった。昔の判決文は一文が長く，一読で理解できないことがある。特に最高裁判所判決は，途中で切ったり主語を補ったりすることで読みやすいはずなのに，なぜそうしないのかな，と不思議に思うことがある。他方，最近の判決文は随分読みやすい。裁判所内で傾向に変化があったのだろうか。そのあたりの内情やご経験も，こっそり教えてもらえたらと思う。

5 超厳選！　8個の約束事

　では，ここから，読み手にとってわかりやすく，読みやすい文章を作成する

ための約束事を示していこう。なお，これまで世の中にある文章術の本には，もっと多くのルールやノウハウが書かれている。それらのルールはもっともで，なるほどそうだなと思う。しかし多岐にわたっていることが多く，全部守るのは大変だ，と感じる。そのため，本章では文章の骨格にかかわる大事な約束事を8個に絞って紹介する。これらをマスターするだけですっきりした文章になるはずである。

❶ 一文を短くしよう

一文を短くする。これは文章を読みやすくするための鉄則である。長い文章と短い文章のどちらが読みやすいか。それは短い文章であることに異論はない。それにもかかわらず，長い文章を書こうとする人がいる。様々な情報を一文に詰め込もうと，文の中に複数の主語，述語を配置し，入れ子構造にしたり，修飾・被修飾関係を多用したりする。このような文章を書くのが好きな人はいる。ただ，書くのが好きでも読むのが好きとは限らない。もし，長い文章を書くのが好きで，その理由が，複雑な文章を書くと賢そうにみえるから，ということであればやめた方がいい。読み手はそうは思わないだろうから。

いや，そんな意図はない，ただ短く書こうと思っても，あれも書かなきゃこれも書かなきゃ，と思った結果，結果的に長くなってしまい，後から読んだらわかりにくくなってしまった，ということもあると思う。その原因は何か。

次の文章を読んでみよう。

（例1―1）
　法曹人口の急増は『イソ弁』から『ノキ弁』へ，そして『即独』『宅弁』へという流れのとおり，新人弁護士の深刻な就職難を引き起こし，弁護士登録後すぐに独立開業をしたり，自宅や実家を事務所として開業したりする若手弁護士も少なからずみられるようになった。

この文章を読んで，どのような感想をお持ちになっただろうか。

　皆さんが弁護士や司法修習生だとすれば，法曹人口問題を身近に感じているだろうから，「法曹人口の急増」「イソ弁」「ノキ弁」というキーワードだけでその先を予測して文意を把握することができると思う。しかしこの文章をよく読むと，意味がすっきり入ってこない。ピントが少しぼけていると思わないだろうか。

　この文章では，少なくとも二つに分ける方がよい。では，どこで分ければ良いか。

（例1－2）
　法曹人口の急増は『イソ弁』から『ノキ弁』へ，そして『即独』『宅弁』へという流れのとおり，新人弁護士の深刻な就職難を引き起こし<u>た。そのため，</u>弁護士登録後すぐに独立開業をしたり，自宅や実家を事務所として開業したりする若手弁護士も少なからずみられるようになった。

　いかがだろう。長い文章を二つに分けて，接続詞でつなぐという作業をしただけである。それだけで随分読みやすくなったと思う。

　更に第一文うち「流れのとおり」という部分で切ってみよう。

（例1－3）
　法曹人口の急増は『イソ弁』から『ノキ弁』へ，そして『即独』『宅弁』へという<u>流れを生み出した。このように，法曹人口の急増は，</u>新人弁護士の深刻な就職難を引き起こした。そのため，弁護士登録後すぐに独立開業をしたり，自宅や実家を事務所として開業したりする若手弁護士も少なからずみられるようになった。

まだまだ洗練されたとは言いがたい。しかし，だんだん読みやすくなってきたのではないか。

　もう一度例1－1を読んでいただきたい。そうすると，一文に意味が3つ入っていたことがわかると思う。

　なお，どこかで読んだ気がする，という方，ありがとうございます。私たちの前著『民事裁判手続』のあとがきを素材にしている。

❷ 主語と述語は1セットずつ

　一文を短くすると読みやすく，わかりやすくなることはわかった。ではどのような文章のときに短くすればいいのか。

　ここで，小・中学校で学んだことを思い出してみよう。文法の時間，文章を文節（「～ね／～ね／～よ。」で区切る単位である）に分けて，主語はこれ，述語はこれ，これは形容詞，こっちは形容動詞，などと分析した。細かい文法は忘れてしまったとしても，文は主語と述語で構成されていること，主語は「誰が」「何が」などの文節で，述語は「どうする」「どんなだ」「ある」などの文節であること，述語は通常文の終わりにくること，主語は省略されることがあることを思い出しておこう。

　そして，主語と述語はそれぞれ対応関係にあるので，一文に一つずつある。文法の授業で，主語が三つ，述語が二つあり複数に対応している，という話は聞いた記憶がない。

　以上を思い出していただいたら，**例1－1**を再度読んで欲しい。そして，どれが主語でどれが述語か，探してみよう。

　まず，「法曹人口の急増は」とあるのでこれが主語であることがわかる。ではこれに対応する述語はどこだろうか。就職難を「引き起こす」であろう。その後ろはどうか。みられるように「なった」が動詞。ではこれに対応する主語は……ない。もう一度戻って，自宅開業する若手弁護士をみるように「なった」人は誰かと考えると，「私たちは」「世間の人たちは」であり，これが省略されている。では「イソ弁から～流れのとおり」はどう理解すればよいか。「流れのとおりに」，に「である」を補って「流れであるとおりに」，とする。ではこれに

対応する主語は何か。文意を考えると，「法曹人口の急増は」が二回目で省略されているのだとわかる。とすると，流れで「ある」ではなく流れを「生み出した」という動詞を補う方がよい……。

　以上をまとめると，次のとおりとなる。

　１文　主語）法曹人口の急増は　　述語）生み出した
　　　　※述語を補う
　２文　主語）法曹人口の急増は　　述語）引き起こした
　　　　※主語を補う
　３文　主語）（私たちは）　　　　述語）（みられるように）なった
　　　　※主語を補う

　いかがだろう。主語と述語は一文に一つずつ，という原則から随分ずれていることがわかる。３文の主語は省略されたままでよいとしても，１文の述語が省略されてしまったために，１文と２文の切れ目がわからなくなっている。改めて，**例１―１修正前**の文章は「わかりにくく，読みにくい」文章であるということがわかったことと思う。そもそもこんな分析をさせる文章が悪い。書いている自分も，疲れてしまった。

　逆に，自分が文章を作るときに，主語と述語を意識して，一文に一つずつ入れることを心がければ，文章は自然に短くなる。もちろん自明の主語は省略されてもよい。大事なことは，一文に主語述語を二つ以上入れない，ということである。

　「一文に　主語と述語　１セット」

　季語がないので俳句ではない，笑えないので川柳ではない。この怪しげな標語を心がけていただければ，皆さんの文章はよりすっきりと短くなるはずである。

　ところで，**例１―３**では，主語と述語が一つ一つ対応している。**例１―３**は，１文と２文の主語が重なっているため，見栄えは良くない。しかし無理にかっ

こつけようとして主語を省略し，その結果わかりにくく，読みにくくなるなら，少々カッコ悪い方がよい。見栄を張って例1—1になることは避けよう。

　参考までに，『民事裁判手続』のあとがきで実際に書いた文を掲載しておこう。ここでは，イソ弁などの表現は例示であるため，これを前に出して読み手の関心を惹きつける効果を狙った(効果の有無についてはそれぞれにお任せする。)。

(例1—4)
　『イソ弁』から『ノキ弁』へ，そして『即独』『宅弁』へ。法曹人口の急増は新人弁護士の深刻な就職難を引き起こした。弁護士登録後すぐに独立開業をしたり，自宅や実家を事務所として開業したりする若手弁護士も少なからずみられるようになった。

---

❸ 主語と述語を離さない

　読みやすく，わかりやすい文章は，読んでいて話の展開がわかる，読者の予測を裏切らない，ということである。サスペンス小説は最後まで犯人がわからず，おおかたの読者の予想を裏切ることで成立する（サスペンド＝宙づりにする。結論が保留)。しかしサスペンス小説は小説の展開がわからないのであり，文章そのものはわかりやすく書かれている。犯人が警察に追い詰められ，いよいよ逮捕かというシーン。ところが犯人は薄ら笑いを浮かべながら，ポケットからスマートフォンを取り出した。「この番号に電話をすると，新宿駅のどこかにセットした爆弾が一斉に爆発することになる。それが嫌なら逃走車両を用意しろ！」。このような緊迫したシーンにおいて，一文が3行や4行に渡る，読み返さないと何を言っているのかわからない文章で書かれることはない。読者に臨場感を与えるため，短い文章でテンポ良く話を進めるはずである。

　ここまで本書をお読みいただいた皆さんは，文章は，長いよりは短い，複雑（主語・述語2セット以上)よりは単純（主語・述語1セット)の方が読みやすい，わかりやすいということをご理解いただいたと思う。とはいうものの，今日か

ら全ての文章を短くするのは難しい，ということもあると思う。

　どうしても一文に主語，述語を二つ入れたい，という場合はどうしたらよいか。ダメ，とは言わない。ただし，主語と述語を離さない，ということを守って欲しい。これは日本語の構造にかかわる問題である。

　例えば次の文章はいかがだろうか。

（例2―1）
　私は昨日，山田君が佐藤君の自転車を倒して怪我をした鈴木君の代わりに野球大会に出ました。

　皆さんは，「私は……」と主語をみた瞬間「どうなった」という結論を探しながら読んだはずである。その結論を頭の中で保留＝サスペンドしながら，山田君と佐藤君と鈴木君が次々登場した。そして「野球大会に出ました。」という述語を見て「ああ，『私』は昨日野球大会に出たのだな。」と安心したはずである。

　そして後から「自転車を倒したのは誰か。」と聞かれたときに，あれ，山田君だったか，佐藤君だったか，確認をするためにもう一度探しながら読む，という作業を行うだろう。

　このように，主語と述語が離れている文章は，読み手に余計な労力を使わせることになる。英語は主語と述語が接近し，それを補足する関係詞が後からぞろぞろついていくという構造になっている。これに対し，日本語は文頭に主語が来て，文末に述語がくるので，文末を読まないと結論がわからない。このことは中学校の英語の授業で教えられた。英語は結論をはっきり示す。ところが日本語は結論を曖昧にする。他方，その奥ゆかしさが日本語の美学である，などという話もある。「この度はまことに……」という言葉を，葬式で神妙な顔で言えばお悔やみになるし，社長就任パーティでシャンパングラスを片手に笑顔で言えばお祝いになる。英語ではあり得ない。"I'm sad to ～"と"I'm glad to ～"を言い間違えたら大変である。

　このように，日本語は頭とおしりに重要な情報＝主語・述語がある。その中

に更に小さな主語，述語が入ることがある。マトリョーシカのように，主語，述語が何層にも入れ子構造になっている文章も珍しくない。

　これを解決するために，まず「一文に　主語と述語　１セット」を実践しよう。以下，これを忠実に実践した結果を示す。

（例2―2）
　私は昨日，鈴木君の代わりに野球大会に出ました。それは鈴木君が怪我をしたからです。なぜ怪我をしたかというと，山田君が自転車を倒したからです。その自転車は佐藤君のものでした。

　作文を習いたての児童が書いたような，あどけなさが残る文章である。幼稚だなと笑うなかれ。実は私たちにとって，このような文体はおなじみである。そう，これは民事や刑事の尋問のスタイルではないか。「尋問は一問一答でやりなさい。」ということは鉄則である。なぜか。聞いている裁判官がその場で理解できるから，聞き返さなくてもよいから，である。主語と述語が接近していると，耳から聞いてもわかりやくなる，という良い実践例である。逆に言えば，私たちは，「書面に書いた文字はいつでも読み返せる。」という安心感から，主語と述語を離してしまうことに問題意識を持たない。読み手に対して「わからなければ読み返してください。」という甘えがどこかにあるため，ついつい長い文章をだらだら書いてしまう。

　とはいえ，**例2―2**は，書面に書くのは少々大人げない，大人としてはもう少し文章をまとめたい，と思われた方もいるだろう。次にその例を示す。

（例2―3）
　山田君が佐藤君の自転車を倒して鈴木君が怪我をしたので，私は鈴木君の代わりに昨日の野球大会に出ました。

この場合でも，基本となる主語と述語（一番伝えたいテーマの主語と述語）は離さない方がよい。そして，述語を前に持ってくることはできないため，主語を後ろにずらすとよい。

❹ 接続助詞の「が」は使わない

　学生の頃，進学塾で講師のアルバイトをしたことがある。その塾は研修制度が充実しており，そこでいろいろなことを学んだ。その研修講師から次のように指導された。「塾に来た生徒に一つだけ『おみやげ』を持たせて帰らせること。」。教壇に立つと，あれもこれも教えて生徒に詰め込みたくなる。しかし授業が終わると忘れてしまうだろう。細かいことは家で復習したり宿題をしたりすればよい。その授業で最も大事なことを一つだけ強調し，その場で身につけるよう指導すべきである。それは，一授業一つでよい。そのような話であった。
　本章のお土産は何か，と聞かれれば，これからお話しする「接続助詞の『が』は使うな！」ということである。
　接続助詞の「が」とは，文と文を逆接でつなぐ助詞である。なぜ使ってはいけないのか。次の例文を読んでみよう。

（例3—1）
　私は昨日，傘を持って出掛けたが，雨は降らなかった。

　傘を持って出掛けた，という文と，雨は降らなかった，という文は逆接でつながる。試しに，文を切って「しかし」でつなげてみよう。
　「私は昨日，傘を持って出掛けた。しかし，雨は降らなかった。」
　このように，接続助詞が正しく使われているのであればなんら問題はない。では次の例はどうだろうか。

> （例3—2）
>
> 　私は昨日，傘を持って出掛けたが，その途中で傘を置き忘れてきてしまった。

　傘を持って出掛けたことと，傘を置き忘れてきたことは，厳密に言うと逆接にはならない。「傘を持って出掛けたので，<u>本来であれば持ち帰るべきであったが</u>，置き忘れてしまった。」ということであれば逆接でつながる。下線部を省略し，読者に「本来であれば持ち帰るべきだよね。」ということを当然補って読むことが前提とされている。いわば書き手が読み手に対し，意味を補って読むよう押しつけている。

　この程度であればまだよい。次の例はどうだろうか。

> （例3—3）
>
> 　私は昨日，傘を持って出掛けたが，途中で雨が降ってきたので傘をさしてぬれずに済んだ。

　傘を持って出掛けたことと，雨が降ってきたので傘をさしたことは逆接ではない。接続詞を補って「私は昨日，傘を持って出掛けた。しかし途中で雨が降ってきたので傘をさしてぬれずに済んだ。」と書いたら日本語能力を疑われてしまう。

　しかし，**例3—3**は文章として成立している。違和感がない，という方もいらっしゃるだろう。これは，本来，逆接の接続助詞として使われていた「が」が，逆接以外のものを接続するように変容し，そのような使用方法が許容されているからである。このような「が」は，文法的には「留保・抑制を示す『が』」と言われている。「この度は被疑者が大変ご迷惑をおかけいたしました。つきましては一度謝罪に伺いたいのですが，ご都合はいかがでしょうか。」などの使い方に異を唱える人はいない。

このように，接続助詞の「が」は，非常に曖昧な意味を持っている。曖昧だからこそ，前後の文脈を考えず，気軽に「が」が用いられている。気軽ゆえ，多用したくなる。多用しているうちに，「が」がないと文章が書けなくなる。もはや依存症レベルといってよい。

これが日常の連絡事項などであれば問題はない。しかし，訴状や準備書面，通知書など法的な書面で使うと，文章全体の論理的な流れを妨げてしまう。

読みやすい，わかりやすい文章を作成するためには，曖昧に使われている接続助詞の「が」を使ってはならない。「曖昧『が』は使わない。」ということが肝要である。そして，逆説の「が」は，文を区切って「しかし」でつなぐことができる。そうであれば，そもそも接続助詞の「が」そのものを使う必要はない。「が」に義理立てが必要な人などいないはずである。

接続助詞の「が」を使わないと，一文が短くなる。そして文章の論理関係が明確になる。

試しに，これまで自分がどの程度「曖昧『が』」に依存してきたか，調べてみよう。これまで皆さんが作成した書面をもう一度見返していただきたい。接続助詞の「が」を見つけたら，「しかし」に置き換えてみる。置き換えができなければ，それは「曖昧『が』」である。治療法は，今後接続助詞の「が」を使わないで書面を書くこと。初めの頃は「が」を使いたくなる。ぐっと我慢するのもストレスかもしれない。しかし，1ヶ月もすれば，接続助詞の「が」を使わないで頭の中で文章を組み立てることができるようになるだろう。その頃には，以前よりも文章がすっきり短くまとまっているはずである。ごく自然に，読みやすく，わかりやすい文章を書いているはずである。副作用は，他人の書面の「が」がすごく気になること。

なお，「曖昧『が』」の代表的な亜種を紹介しておこう。これらの言葉も，使うべきではない。

① 「けど」
「けれども」は逆接の接続詞である。しかし「けど」になって曖昧になったようである。「昨日，帰りに雨が降ったけど，大丈夫だった？」などだ。「が」よ

りは話し言葉で使われる。私は，講習会といった人前で話をするときには，「けど」を使わないよう心がけている。

　②　「～のところ」

　裁判所が好んで使っている。「曖昧『が』」と同じような使われ方をしている。裁判官が推敲に推敲を重ねて作成する判決であれば論理関係は破綻しないかもしれない。しかし我々が十分推敲をしないで安易にまねして使うのは，危険である。

❺ みんな忙しい→結論から理由へ

　これまでは一文を短くすることを検討してきた。ここからは短い文章をどのようにつなげていくかを考えていこう。

　まず，文章の順番について。少々昔話におつきあいいただきたい。

　司法試験受験生だった頃の話である。答案練習会（新司法試験では「答練」とは言わないのであろうか）で配られた参考答案（「実力者」と呼ばれる人たちのもの）を読むと，その多くはまず問題提起をし，その後は，

　①　反対説の提示
　②　反対説の合理性
　③　反対説の批判
　④　自説の展開
　⑤　判例紹介
　⑥　結論

という流れで書かれてあった。このパターンは接続詞の使われる順番から，「この点・確かに・しかし・従って」パターンと言われ，受験生の間でこのパターンを覚えることがはやっていた。私もなんとなく，そのようなパターンで論文を書こうとするものの，反対説から書くとそれに紙面や時間をとられ，バランスが悪くなり，うまく答案を書くことができなかった。

　悶々としていたところへ，同じ受験団体に所属し，その年に合格したという

先輩合格者（ベテランの受験生であった）が，論文試験の添削ゼミをしてくれるというので参加をした。

　彼は私の中途半端な答案を見て，「牧田さん，このやり方だとこの先何年も合格できないよ。」と，きっぱりと言った。そしてまだ若いのだから，今までのやり方を一度白紙に戻してやり直すべきだと助言してくれた。

　そして，次のような話をしてくれた。

　司法試験の答案の読み手は考査委員である。考査委員は何枚もの答案を採点する。そうであれば，同じ内容であれば，一読して了解できる答案の方が，考査委員の負担は軽く，印象点も良くなるはずである。では，一読了解の答案とは何か。的確な問題提起があり，それに対する結論と理由がズバッと明記されている答案である。そうであれば，まず判例や通説をしっかり説明する必要がある。実務家になりたくて受験をするのだから，反対説やその批判などはどうでもよい。

　そして彼は，自分が合格した年の再現答案を見せてくれた。全ての答案は問題提起→結論→理由というスタイルが貫かれており，実にシンプルかつわかりやすいものであった。そして答案用紙の半分から3分の2あたりで終わっていた。じっくり構成を立てて，一気に書く，という。これなら自分にもできるかもしれない。まさに目から鱗が落ちた思いであった。

　それ以降は，普段の勉強も，論点を全て洗い出し，判例・通説の結論と理由を簡潔にまとめることに時間を割いた。そのスタイルを徹底した結果，翌々年に合格することができた。

　合格するまでに出会った恩人は他にもたくさんいる。ただ，大事な結論から文章を書くべき，という上記合格者の教えはとても大きかった。それは今でも，自分の文章スタイルに影響を及ぼしていると思う。

　訴状でも準備書面でも各種通知文でも，読み手に伝えたいこと＝大事なことは先に書くようにしよう。読み手を説得しようと，まず昔話のような事件の経過を延々と書き始める人がいる。読んでいるうちに，「結論は？」という気持ちになる。結論を明示し，その後理由を示す，ということが身につくと，文章を作成するときに迷いがなくなる。

このスタイルを原則としつつ，例外（例えば，被害者宛の手紙ではすっぱりとした書き方はよろしくない。）を押さえていくと，臨機応変に対応できると思う。

❻ 接続詞に頼りすぎない

　結論→理由，というスタイルで文章を書く場合，理由の中で具体例を挙げたり，言い換えをしたり，強調をしたりすることになる。また準備書面で相手方の主張を批判する場合は，理由でこちらの根拠を示した後，相手方の主張とその批判を展開することになる。これらの文をつなぐために，「例えば」「すなわち」「しかし」などの接続詞を使うことになる。

　民事裁判でよく使う接続詞のパターンを示そう。

　①　結論は〜。理由は以下のとおり。
　②　まず〜。すなわち〜（具体的事実）
　③　次に〜。すなわち〜（具体的事実）
　④　また〜。すなわち〜（具体的事実）
　⑤　更に〜。すなわち〜（具体的事実）
　⑥　そして〜。すなわち〜（具体的事実）
　⑦　この点被告は〜と主張する。しかし〜（具体的事実）
　⑧　以上より〜（結論）

　こちら側に有利な具体的事実がこんなにあるなら苦労しないよ，というぼやきはさておこう。②から⑥は，主張の数だけ展開をすればよい。主張が複数ある場合は，重要な主張や証拠により明らかな事実に基づく主張から上に持ってくるとよい。

　ここで注意していただきたいのは，接続詞に頼りすぎない，ということである。つまり，接続詞がなくても，読み手が文章の流れを理解できるように文と文の配列に配慮するということである。具体的にいうと，自分が書いた文章から接続詞を抜いて（　　　）にしても，きちんと読むことができる文章をめざ

すということである。良い文章は，接続詞を抜き出した後，文章の流れから接続詞を補うことができる。皆さんも，小・中学校の国語の授業やテストで散々やったはずである。「（　①　）にふさわしい接続詞を次のア〜エの中から一つ選べ。」。自分が書いた書面から接続詞を抜いて（　　　）にして，一般の中学生に穴埋めをさせたら，どうなるだろうか。ほぼ全員正解，というレベルであれば書き手として合格である。

　よくないのが，接続詞で無理矢理つなげてしまった文章である。そのような文章は，相手方の予測を裏切りながら話が進む。「すなわち，っていうからまとめかと思ったら，具体例だった。」「しかし，っていうから逆接かと思ったら，話題が転換しているだけだった。」などなど。

　接続詞穴埋め問題で点差が出る文章は，国語教師にとってみれば都合が良いのかもしれない。しかしそのような難文は，本書の立場からみて合格とはいえない。

❼ あえて接続詞を抜いてみる

　接続詞に頼りすぎないということは，必要に応じて接続詞を抜くことができるということになる。もう一度，先の接続詞のパターンをご覧いただきたい。一つ一つの理由が短い場合は，その都度接続詞をつけるとしつこくならないだろうか。なくても意味が通じるところは，あえて接続詞を使わずにやり過ごし，強調したいところで接続詞を持ってくる，ということもある。

　例1−2と，例1−4を比べてみよう。例1−2で下線を引いた「そのため，」という接続詞が例1−4では消えている。例1−2の接続詞の前後の文章は，原因と理由という流れであるため，接続詞の使い方に問題はない。ではなぜこの接続詞が抜かれているのか。

　それは，この文章に続きがあり，そこを強調したかったからである。

　当該段落の全文を示そう。

(例1—5)

　『イソ弁』から『ノキ弁』へ，そして『即独』『宅弁』へ。法曹人口の急増は新人弁護士の深刻な就職難を引き起こした。弁護士登録後すぐに独立開業をしたり，自宅や実家を事務所として開業したりする若手弁護士も少なくない。<u>そのため，</u>かつては気軽に質問することができた先輩方が身近にいないという悩みを抱えた新人弁護士もたくさんいる。

　この段落で強調したい部分は，新人弁護士は先輩に質問をしたいがそれができないという悩みを抱えている，という点である。この4文目を強調するため，例1—5のとおり，1～3で接続詞を使うことを控えた。じわじわ文章をつなげていき，最後に「そのため」で一気に結果を明示して注意を喚起する，そんなイメージである。

　そんな使い方（使わない方？），本当にあるの？　初めて聞いた，という方もいると思う。安心して欲しい。私も聞いたことがない。この程度のことは各人の好みの問題であろう。ただ，私はその効果はあると考えている。

　参考として，例1—5の他の部分に接続詞を入れた文章を示す。例1—6と比較をしてみよう。後はお好きな方をどうぞ。

(例1—6)

　『イソ弁』から『ノキ弁』へ，そして『即独』『宅弁』へ。<u>このように</u>法曹人口の急増は新人弁護士の深刻な就職難を引き起こした。<u>その結果，</u>弁護士登録後すぐに独立開業をしたり，自宅や実家を事務所として開業したりする若手弁護士も少なくない。<u>そのため，</u>かつては気軽に質問することができた先輩方が身近にいないという悩みを抱えた新人弁護士もたくさんいる。

❽ 相手にとって必要な情報を選別する

　相手にとってわかりやすく，読みやすい文章は，相手に対し必要かつ十分な情報が記載されている文章でもある。そのため，相手にとって不要な情報であれば，あえて書かないという選択が重要となる。

　その取捨選択は，書き手が読み手に対し，何を伝えたいかによって決められる。

　例2—1をもう一度示そう。

（例2—1）
　私は昨日，山田君が佐藤君の自転車を倒して怪我をした鈴木君の代わりに野球大会に出ました。

　これほど短い文章に，山田君，佐藤君，鈴木君の3人が登場している。文章の読み手にとって，全員の名前や出来事を把握する必要は必ずしもないだろう。

　例えば，山田君の加害行為により鈴木君が野球大会に出られなかった，という話を伝えたい場合は，次のとおりでよいと思う。自転車の持ち主が佐藤君であるか否かは，読み手にとって関心はないはずである。また，私が出たかどうかも，どうでもいいかもしれない。いらないものは思い切って削る。すると大事な情報が浮かび上がってくる。

（例2—4）
　山田君が自転車を倒したため，鈴木君が怪我をしました。そのため鈴木君は昨日の野球大会に出ることができませんでした。

　本来出られなかった大会に私が出場し，その結果チームが勝った，という流れであれば，加害者の山田君も登場しなくてよい。

（例2―5）
　鈴木君が怪我をしたため，昨日の野球大会は私が代わりに出ました。
その結果……

　このように，何を伝えたいか，によって，当然書くべき内容も変わってくる。
陳述書は，ある程度周辺事実も入れて書く。そのため，つい余計なことを書い
てしまう傾向にある。目的をしっかり見据えて，必要かつ十分な記述を心がけ
よう。

　以上，読み手との間で守るべき8つの約束を示した。これらは文章の骨格に
かかわることであるため，是非実践していただきたい。
　この他にも気を付けたい約束事はたくさんある。主観と客観を分けて書くと
か，小見出しをつける，など。これらはすでに司法研修所などでトレーニング
を受けてきたと思う。その都度，各論となる第2編以降で検討していこう。

第1編第2章について

裁判官からひとこと

1 牧田弁護士のアドバイスを「約束事」と心得るべし

牧田弁護士,「文章作成の約束事」とは, いい言葉を選んでいる。ビジネスの手引書の類では, 通常,「文章作成のルール」という言い回しが使われていることが多い。牧田弁護士が「ルール」ではなく「約束事」という言葉を使ったことについて思惑があったのかどうかはわからないが, 私の解釈としては,「ルール」よりも「約束事」の方が, この本にはふさわしい言葉だと思う。

「ルール」と「約束事」って, どこが違うの? という質問が出てくるかもしれない。実は, 同じようで違うというのが, 私の意見である。

2 代表的な「ルール」である「無免許運転」を考える

「無免許運転をしてはいけない。」という, 誰でも知っているルールがある。ところが, 無免許運転の少年審判手続 (成人の刑事公判手続でも似たようなことが起きるが。) の際に, 少年に対し,「無免許運転がなぜいけないのかわかりますか。」と質問を投げかけると, 返ってくる答えで一番多いのが,「法律でそのように決まっているから。」というものである。その答えに対しては,「なぜ無免許運転をしてはいけないと, 法律で決まっているのですか。」と尋ねてみると, 意外に多くの少年が, 答えに窮してしまう。

私の場合, 答えに窮した少年に対しては,「法律で決まっているのは確かだけれど, 無免許だって, 事故を起こさなければ構わないでしょ。人に迷惑を掛けないのなら, 別に免許証がなくたって, 運転してもいいじゃないか。」と問いかけてみる (裁判官でありながら, なんとまあ無謀な質問をするのだろうか……。読者の皆さんの呆れた顔が目に浮かぶようである。)。これに対する答

えは，「確かにそうですね〜。事故を起こさなければいいんでしょうね〜。」と
いうものもないわけではないが，大抵の場合は，「それでもやっぱりまずいん
じゃないかと思います。どうしてって言われると，よくわかりませんが。」と
いう答えが返ってくる。そこで，真っ当な質問に戻る。「それではね。免許証
のない人たちが，みんな一斉に無免許運転をしたらどうなりますか。」と尋ね
てみると，さすがに真っ当な答えが返ってくる。「あちこちで交通事故が発生
してしまいます。皆なとても怖くなって，安心して道路を歩いたり，自転車で
走行したりすることができなくなります。」。

「そうだよね。無免許運転は，とても危険な行為なんだよね。道路交通法が
無免許運転を禁止しているのは，もともと自動車の運転それ自体危険な行為で
あるから，誰でも自由にやっていいというわけにはいかないんだ。自動車学校
で交通法規の勉強をし，運転実技の訓練を受けて，自動車を安全に運転するこ
とができる能力を備えていると認めてもらえた人だけが，免許証を与えられて，
運転することを許されているんだよ。」と説明をする。

3 「ルール」と「約束事」との違いは，相手の存在への意識

「ルール」あるいは「決まり事」というのは，「○○しなければならない。」また
は「××をしてはいけない。」という形式で人々に正しい行動をとらせようと
しているものであるが，その背後には，他人を守る，あるいは他人を尊重する
という目的がある。しかしながら，「ルール」や「決まり事」という形式をとっ
てしまうと，その向こうには守られるべき他人がいるということを，ついつい
忘れてしまいやすい。

これに対し，「約束」という言葉には，必ず相手の存在がある。すなわち「約束」
とは，相対する2人以上の人間が存在することを前提として成り立つものであ
る。

さて，私が何を言いたいのか，ここに来て理解していただけたのではないだ
ろうか。文章の作成というものは，読む相手がいることを前提とする行為なの
である。そして，文章を作成する際には，その相手を尊重する気持ちをもって，

作業に臨む必要があるということである。

　牧田弁護士は，「約束事を，ひたすら覚えるということは，あまり意味がないと思う。」と書いている。同感である。約束事を覚えようとすると，結局は字面を覚えることに走ってしまい，約束事の本質を覚えられない，あるいは覚えてもすぐ忘れてしまう。約束事というものは，それ自体を覚えるものではなく，その本質を体にしみこませるべきものなのだ。

　そして，私が先ほどまでに説いてきたところに戻ろう。「約束」には相手が存在する。そして，「文章作成の約束事」とは，読み手という相手を尊重することが，本質なのである。「相手という読み手を尊重する」こと，行きつく先は，ここである。

4　裁判官は弁護士の書面を大目に見る？（回答その１）

　牧田弁護士から，いくつか質問を投げ掛けられているので，回答しなければならない。まず，「裁判官は，弁護士の書面に多少の粗があっても良いように読み取ってくれるのか。」「果たして裁判官は，弁護士が書いた書面に対してどの程度大目に見てくれる（良いように解釈してくれる）のか。」という質問について回答しよう。

　回答は，「大目に見ることはない。その代わり，文章の粗を埋めるための作業に入る。」というところであろう。

　訴状，答弁書及び準備書面の文章が，よく理解できないような場合，裁判官は，原則として次回期日に，書面を作成した代理人に対し，その趣旨を口頭で尋ねているはずであり，裁判官が自分なりに解釈して手続を進めるということは，していないはずである。なぜなら，代理人の文章がよく理解できない場合，あるいは読んだだけでは誤解するおそれがある場合には，誤解が生じないように記載の趣旨を確認して，他方当事者をも含めた三者間において認識を共通にするよう努めているからである（この点は，私たちの前著『民事裁判手続』でくどいほど説明したと思う。）。裁判官が記載内容の趣旨を誤解したまま手続を進めてしまうと，判決書には，代理人が意図した内容とは異なる主張が当事者の

主張として掲げられてしまい，それに基づいて事実認定が行われてしまう。そして，裁判官の誤解によって敗訴した当事者の代理人は，「当方の主張について，裁判官が誤解した」ことを控訴理由に掲げることになってしまうだろう。

　以上の点については，全ての裁判官が必ず行っていると断言することはできないが，最近の裁判官は，当事者の主張や証拠の立証趣旨を誤解したまま手続を進めてはならないということについては，共通の認識を持っているはずであり，「疑問があったら必ず当事者や代理人に尋ねるべし」ということは，先輩裁判官が後輩を指導する際に必ず伝えていることではある。

　弁護士の側としては，準備書面の作成について「時間切れ」という事態に直面することもあろう（裁判官も，判決言渡し期日までに判決原本を作成できる見込みがなくなってくれば，判決言渡し期日を変更することもある。正直言って，恥ずかしいことではあるが，慌てて「不十分な」判決を出すよりはましであろう。）。そのために不完全な準備書面を出さざるを得なくなった場合には，次々回の期日までに準備するという方法をとるか，口頭で裁判官に補足説明することが必要であろう。期日において，「時間が足りなくて言葉足らずになってしまっていると思います。第2の○行目から○行目までの趣旨については，実は……ということですので，その点誤解のないようによろしくお願いします。」と言えばよい。裁判官の側では，「その点について記載した準備書面を追加提出してください。」ということもあれば，その場で説明内容を調書にとることもある。いずれにせよ，弁護士から裁判官に対して口頭による補足説明がなされることは，有益である。

5　判決文の傾向は変化している？（回答その2）

　「少し前まで，悪文の代表例として話題になったのが裁判所の判決文であったが，最近の判決文は随分読みやすくなっており，裁判所内で傾向に変化があったのだろうか。」という質問が来ているので，回答しよう。

　読んで理解してもらえる判決文を書くべきであるということは，裁判所内部では前々から言われていたことである（それでも従前は，読みにくい判決文が

多かったということかもしれない。）。ただ，判決文が短めになってきているのかどうかは，私自身は把握しているところではない。また，裁判所内で，「一文を短く書くように。」との統一的な指導ないし申合せがなされているということは，ない。

　ここで一つ，牧田弁護士をはじめ弁護士の先生方，更には法曹ではない一般の方々に，質問してみたい。判決書がもし短い文を並べていたとしたら，どのような印象を持たれるであろうか。

　短い文は，話し言葉に近くなる。そして，一般論としては，短い文は，読者が理解しやすくなるということが，一応はいえると思う。法律書にも，あえて話し言葉をそのまま本文として印刷しているものもある。

　判決書が短文ばかりで書かれていたとすると，多分，口頭で説明を聴かされているような印象を受けるのではないだろうか。それは非常によいことだという意見をお持ちの方もいらっしゃると思う。しかしながら，話し言葉的なわかりやすさに共感を覚えながらも，短文が続くと，既判力や執行力等の強力な国家権力の発動を根拠付ける文章にしては，あまりにも重々しさがなさすぎるという印象を持ってしまうのではないだろうか。

　公務員が作成する文書というものは，どことなく「重々しさ」を有していた方が，それらしく感じるところがあるように思う（それが好ましくないという意見をお持ちの方もおられるとは思うが。）。とりわけ，裁判所が交付する判決書については，軽妙な言い回しが続いていると，なんとなく文書の重要性が薄れてしまうような印象を持ってしまうのではないだろうか。

　これはあくまで私個人の見解であるが，判決書はわかりやすくすべきものではある一方，格調の高さというものを失ってはいけないものではないかと思う。そして，文章を短めにすれば，わかりやすさの点は相当クリアできると思われるが，格調の高さを維持しにくくなってしまう傾向があることもまた，否定できないのではないだろうか。

　弁護士の作成する文章が，格調が低くてもよいというつもりは毛頭ない。しかしながら，弁護士の文章はわかりやすさをより重視すべきであり，牧田弁護士はその点からして正しい指摘をしていると思う。ただし，同じことを判決書

でも実施すべきと言われれば，私自身は賛同しかねるということである（牧田弁護士は，あくまでも裁判所の態度について質問をしているにとどまり，あるべき判決書の姿について主張されているわけではないが。）。

6 接続詞，特に「が」の活用については慎重に

　第1編第2章の後半で牧田弁護士は，接続詞の「が」について論じられているが，学生時代の国語の教科書に，同じ趣旨の論説文が掲載されていたことを思い出した。その論説文に書かれていた内容は，記憶をたどると，後輩が「文章がすらすら書けるようになりました。」と言ってきたので，最近執筆したものを読ませてもらったところ，やたらと「が」が出てきており，複数の文を，前後が逆説であろうと順接であろうと関係なく「が」でつなぎまくっていたというものである（実は，今回の執筆にあたり，その論説文の執筆者と出典元を調べることができたが，ここでは割愛する。）。

　「が」を利用すると，書く側としては筆がスラスラ進んでいきやすくなるのは確かであろう。しかし，読む側としては，つながれた複数の文を読み進めていく際には，次の文は順接なのか逆説なのかを頭の中で整理ないし予測していかないと，文全体の趣旨を把握するのに手間取ってしまう。文章を書くときには，接続詞の使い方には是非とも注意していただきたい。

第3章

メールの文章術

1 メール活用の心得

❶ メールの活用場面

電子メール＝メールは私たちの日常や仕事に広く，深く浸透している。私も，弁護士会の会務や NPO 法人などのメーリングリストに参加して連絡や意見交換で活用している。依頼者や相手方代理人，役所関係者との連絡もメールが多くなった。ときに相手方に代理人が就いていない場合，相手方本人とメールで連絡をとることもある。皆さんも同じように活用されていることだろう。渉外事務所に所属されている方は，深夜外国にメールを送信することが常態化している，ということもあるだろう。

私は IT 専門家ではない。そのため，メールの安全性や効果的な活用を提案することはできない。但し，文章術の観点から，メール特有の問題を検討することは必要だと思う。

普段使っているツールの話である。難しいことはないので，肩の力を抜いて読み進めて欲しい。

❷ メールは感情的になりやすい

メールは文字だろうか。それとも発語だろうか。

また不思議なことを言い始めた，と思っていただいて結構。我々はメールの性質をどのように考えるべきか，という問題である。

文字と発語の違いは何か。文字は後々まで残ることに対し，発語はそれ自体は残らない。また，生まれてから世に出るまでの時間の有無も異なる。文字に

したものは，相手に送る前に見直しや修正，訂正ができる。発語は，口にした瞬間相手に伝わる。一度自分でごにょごにょ言って内容を確認してからさあ相手にしゃべろう，という人はいない。だから発語は，見直しができず，一度言ったことは取り消せないし，撤回できない（えらいひとは謝罪をすれば撤回ができるという。これは別の話。）。

　訴状，答弁書，準備書面，通知書などは，ワープロソフトを使ってキーボードで文字を打ち，文章を作成している。

　メールも，メールソフトを使ってキーボードで文字を打ち，文章を作成している。一見して文字であることは間違いない。他方，メールは簡単に作成できて簡単に相手に届く。思ったことをそのまま書いて，見直しをせずに送信すれば，発語と同じである。

　そのため，自分が書いたときの精神状態がそのままメールの文章に反映されることが少なくない。良い精神状態のときに感情の赴くままに送ったメールであれば，問題はない。お祝いや感謝のメールなどは，送信者の感情が伝わった方が相手も良い気がするだろう。

　その逆はどうだろうか。怒りや失望がそのまま相手に伝わる。しかも，普段口に出すのをためらうようなきつい言葉もメールであれば気にせず書くことができる。

　更に，メールは，一人よがりになることがある。相手にクレームを言う場面を考えよう。対面であれば，自分が言ったクレームに対し，相手は相づちを打ったり，お詫びを言ったりする。そのため怒りなどの感情はいずれ収束されていくことが多い。しかしメールは，文章を書いている間，止める人は誰もいない。その結果，一通のメールが，人間関係を破壊することもある。

❸ メールではより大人の対応を

　そして，メールの特徴は，文字として記録が残ることである。どんなに悪口を言っても，録音がとられなければ記録に残らない。メールは，受け取った側は印刷をしたり，転送をしたり，自由自在である。こちらがうっかり吐いた（打った）暴言メールが，相手方により「脅された。」という証拠に利用されるという

こともある。

　以上のことから，メールを送る心構えは，感情にまかせて送らない，ということである。受け取ったメールを読んで「カチン」と来た，という経験は誰にでもあると思う。その場で返事をすると，冷静な判断ができず，こちらも怒りにまかせたメールになってしまう。下書きをしたら，少々休憩をし，見直しをしよう。さっきまで「これだけは言いたい！」と鼻息荒く書いていた文章が，よく考えたらどうでも良い気がしてきた，ということもある。ざっくり削ってしまおう。メールの世界ではより一層の「大人の対応」を心がけたい。

❹ 内緒話，悪口はしない

　どんなメールでも，情報漏洩の危険はついて回る。サーバーやプロバイダーからの情報漏洩があるかもしれない。また，自分が送信の宛先を間違えて送ってしまったということもある。自分の依頼者に送ろうとしたのだろうメールが，誤って弁護士会のメーリングリストに送信されるということがときどきある。

　送信先をきちんと確認することは当然である。万一，間違えたとしても問題の少ないメールを送るよう普段から心がけておくのがよい。大事な話は，会ってすべきであろう。内緒話や悪口が流出したら，悪夢である。

❺ からまれても，冷静に

　弁護士は，相手方の悪意にさらされる危険が常にある。名刺に自分のメールアドレスを記載している弁護士も増えている。そのため，相手方に名刺を渡すと，相手方から不愉快なメールが来るかもしれない（なお，これを回避するためにメールありとメールなしの二つの名刺を持ち，人によって渡す方を選択するという方法もある。）。

　理由のない誹謗・中傷であれば，誹謗・中傷を止めること，以後返信はしないことをきちんと伝え（メールでよい），後は収束するまで少し待つしかない。また目に余るようであれば，告訴や損害賠償を検討することになる。相手からのメールは，重要な証拠となる。そうであれば，自分のメールは警察や裁判所に提出しても恥ずかしくないような内容でなければならない。相手方は確かに

脅迫文言をちりばめているが，自分も挑発しているところがある，となると警察が立件を拒むことがある。この点でも，大人の対応は必要である。

2 メールを送るときのポイント

❶ 表現はシンプルに，視覚的に，一義的に

　文章作成に当たっての本書の考えは，「わかりやすく，読みやすく」である。このことは前章でじっくり検討した。

　メールの文章は，更にわかりやすく，読みやすくを推し進めたい。それはメールに対して相手方が求めるものを考えてあげること＝相手と何を約束するか，を考えて作成することである。

　例えば，依頼者との間で打ち合わせの日程調整をすることとしよう。依頼者はこちらが送るメールに何を求めるだろうか。わかりやすい文章だろうか。

　それは，いつ，自分が打ち合わせに行けばよいか，という情報を知ることである。そのため，読みやすい「文章」である必要は全くない。

　また，読み飛ばせるところは読み飛ばしたいと思うはずである。凝った時候の挨拶など不要である（時候の挨拶をメールに書いている人はさすがに見かけない。）。「いつもお世話になっております。」で十分である。

　そして，用件は一番上に持って行く，箇条書きにして，視覚化する，などに配慮しよう。一言添えたい場合は，追伸で簡潔に書くとよい。

　なお，日程調整でやりがちなミスは，曖昧な提案をすることである。以下の例2—1のやり取りを見ていただこう。

（例2—1）

弁護士　私は以下の日程であれば可能です。ご都合はいかがでしょうか。

　① 　3月5日　午前中

　② 　3月7日　午後

> 依頼者　出勤途中で立ち寄るので3月5日の9時からでお願いします。
>
> 弁護士　申し訳ありません，3月5日の9時は差し支えです。午前10時半からでいかがでしょうか。
>
> 依頼者　その日は午後遠方に出張の予定があるので，10時半だと間に合いません。3月7日の5時からでお願いします。
>
> 弁護士　申し訳ありません。7日は6時から弁護士会で会議がございますので，5時には事務所を出発いたします。7日の午後3時はいかがでしょう……。

　もうこの辺にしておこう。二人の委任関係が終焉を迎えるのも時間の問題と思う。

　相手に気を遣って時間を明示しないのかもしれない。しかし逆効果である。正しいやり方は，相手にきちんと伝えることである。

> （例2—2）
>
> 弁護士　私は以下の日程であれば可能です。打ち合わせの時間は，1時間程度です。
>
> 　①　3月5日　午前10時30分〜12時（終了時刻）
>
> 　②　3月7日　午後1時30分〜午後4時30分（終了時刻）

　そして，相手の返事がすぐに来るとは限らないので，メールで提示した日程は，数日間は確保しておく方がよい。

❷ 返事は当日！　遅くとも翌日までに

　メールという手段を使って連絡を取り合うのは，

　①電話と違って，不在や通話ができなくても良い

　②手紙やファックスと違って，素早く気軽に送信できる

ということをお互い承知の上で行っている。そうであれば，メールの送信者は

相手に対し，その場で返事が来なくても仕方がないが，そんなに時間をかけずに返事が来るだろう，ということを想定している。そのリミットはいつか。

　当日返信が来れば送信者は安心する。当日に返事が来なくても，相手は一日出張だったり，忙しいので返信ができなかったりするのかもしれないと考えるだろう。翌日に返信がない場合は，もしかしたら届いていないかもしれない，と不安になる。

　そのため，受け取ったメールは，平日であればできれば当日に，遅くとも次の日までに返事を出したい。

　その場で回答ができない場合は「取り急ぎ受け取りました。回答は1週間以内にいたします。」という連絡だけでも良い。

　簡単なようだが，忙しいとなかなか後回しになってしまう。私もこの項目の遵守率は7割程度である。これを機に，自分も心を入れ替えたい。

❸ 1－2－1で完結する

　自分を1，相手を2として自分が相手にメールを送信する。そのメールに相手が返信をし，再度自分がお礼の返信をしてそのメールの用件は完結する。送信者の順番に注目して，1－2－1で完結しようということである。これはメールの常識になっているようである。

　先ほどの**例2－2**の，日程調整メールの続きを示そう。

（例2－3）
依頼者　では②3月7日　午後1時30分からでお願いします。
弁護士　お返事をありがとうございます。下記，承知しました。当日お
　待ちしております。

　これで完結する。なお，下記，承知しました，としているのは，メールの引用返信を利用し，下記にある相手のメールの内容を利用することで，書き間違えのリスクを避けるためである。

「では，3月8日　午後1時30分にお待ちします。」と書いてしまい，依頼者は3月8日と思い込んだとする。3月7日の2時になっても現れないなと思って電話をすると，最後のメールの記載ミスであることが判明する。予定より後ろの日であればまだよい。「3月6日」と誤って記載したため，依頼者が一日前に来て自分は不在，ということであれば確実にトラブルになる。このようなミスを防ぐ工夫として，参考にしていただきたい。

　1−2−1で完結するので，最後の1で余計なことは書かないこと。

（例2—4）

弁護士　では，当日お待ちいたします。ところで当日は，印鑑をお持ちください。

依頼者　印鑑は，実印でしょうか。

弁護士　実印でなくても結構です。あと，先日お話した診断書もお願いします。

依頼者　診断書は，古いのと新しいのと2通あるのですが。

　例2—4のやりとりの後日の打ち合わせに，シャチハタを持ってきた依頼者に対し，弁護士は「シャチハタはダメなんですよ。」と不機嫌そうな感じで言うと，依頼者は（シャチハタはダメって，聞いていないぞ）と心の中で不満をいう。

　本来であれば，最初の1で，

（例2—5）

弁護士　ご持参いただきたいもの

　　①　認め印（シャチハタは除く）

　　②　診断書（お手元にあるもの全て）

と書いて送信すれば1−2−1で完結する。

とにかく慌てて送らない。追加で送る場合は，別メールにして，きちんと考えて送るのがよい。駆け込み乗車と駆け込みメールは危険である。

第1編第3章について
裁判官からひとこと

1 裁判官は，職務上メールをほとんど利用しないので……

　裁判官は，職務上，当事者やその代理人にメールを送信したり，逆に受信したりすることは原則として行っていない。送受信することがあるとすれば，争点整理表，建築事件における瑕疵一覧表，財産分与事件における主張整理表をはじめとした，当事者双方の主張と裏付け証拠の関係を明らかにした一覧表の案（通常はエクセルファイル）を送信し，代理人から修正したファイルを受信するということくらいしかない。裁判所においては，ウィルスの問題があることから，庁舎内の端末機器から直接外部とメールの送受信を行うことは，厳しく制限されており，書記官室備付けのパソコンのごく一部（ウィルスにり患しても，それが拡散しないような方策が講じられている。）から例外的に送受信を行っているにとどまっている。そして，一覧表を添付ファイルとして送信する場合に，裁判官が受信者に宛てて書く文章は，「当方で○○を作成いたしましたので，修正すべき点があればご指摘の上，返送をお願いいたします。」といった，ごく一般的な事務的内容を含むにとどまる。

　そのような職務の実態もあり，裁判官がメール作成において心がけていることや，それを踏まえて，裁判官の立場から，弁護士の作成するメールについての心得に対して意見を申し上げることも，特にない。

2 メールを作成・送信するときは，まずは人として恥をかかぬよう

　牧田弁護士が説いているところの，「メールは感情的になりやすい」「メールではより大人の対応を」等々は，弁護士一般に対して向けられるべきアドバイスにとどまらず，メールを利用する人々全員に対して向けられるべきアドバイ

スということができるのではないだろうか。

　訴訟において，過去にやり取りされたメールが書証として提出されることも多くなってきたが，中には読むに堪えない文章のものもある。もちろんそのほとんどは，弁護士が職務上作成したものではなく，当事者本人やその関係者が，感情に駆られて「書きなぐった」類のものである。そのようなメール作成者は，これが後日，書証として裁判所に提出され，閲覧可能な訴訟記録に編綴されることになるなど，全く予想していなかったであろう。しかしながら，形に残るものは，いつどのような形で第三者に閲読されることになるかわからない。そういう意味で，メールを作成する場合には，後で恥ずかしい思いをすることのないように，十分に注意したいものである。このような点は，弁護士のみにいえることではなく，人としてのエチケットないし心得とすべきことであろう。

③ 返事を早くするのは大事。その一方で気を付けるべきことは……

　私はせっかちな性格であることから，メールを受信すると比較的早めに返信することが多い。というか，早く返信しないと発信者をいら立たせてしまうのではないかと考えてしまい，焦って返信をすることも少なからずある。

　早めの返信を心がけているのだ，偉いだろう，などと自慢するつもりは毛頭ない。というのは，私の場合，焦りつつ早めに返信する際，発信者からのメールに盛り込まれていた質問の一部について回答を漏らしたり，返信内容に盛り込むべき大切な事項を書き漏らしたりすることも，結構ある。もちろん，返信からあまり時間がたたないうちに，追加の返信をすれば済むことではあるが，相手に対してかえって迷惑をかけているのではないかという思いがある。

　メール発信者の気持ちとしては，送信後，果たして読んでもらえたのかと気をもむことが多いであろう。それを考えると，妥協策ではあるが，「○○の点に関しては現在調査中ですので，追ってご回答させていただきます。」とすぐ一報を入れることも有益といえるのではないだろうか（もちろん，その後の調査を早めに済ませて，その結果を早めに返信しなければならないことは，いうまでもない。）。そのような対処方法を，臨機応変に活用することも必要であろう。

起案の環境を見直そう

　起案をしなければならないが，なかなか手に付かない。やる気がないのはたるんでいるからだ，などと自分を責めて落ち込む前に，集中できない原因があるかもしれない。起案の環境を見直してみませんか。

　自分の事務所の机を見てみよう。目の前にパソコンと電話，ペン立てなど常時置かれているもの以外に何があるだろうか。読みかけの記録や後で依頼者に電話しようと取り出した記録，調べようと開いた参考書，六法，未開封の郵便物など。複数の記録や本があちこち積み上がっていないだろうか。

　日中であればやむを得ない。打合せや電話が重なったとき，裁判所への外出や出張が重なったときなど，記録を出してしまう暇もない，ということはある。

　しかし，時間をかけて起案をするという場合，その起案に集中しなければならない。例えば，契約書と領収書を見比べるため綴じた記録からばらしたり，大きな図面を広げて写真と比較したり，基本書や条文注釈書を並行して読み比べたりと，作業をするために広いスペースがなければならない。

　そのためには，起案をする前に机を一度片付けて，その起案に必要なものだけある，という状態で起案に取り掛かるとよい。あれもこれもやらねばと思って机に出しておくと，気になって集中力が削がれて何も手に付かなくなる。

　また，机に余計なものを出さないということは，記録の混入防止にもなる。起案の途中に受けとった別の人のファックスが，誤ってその起案の記録に混入してしまうと，後日そのファックスを探すのに一苦労する。「事務所外に置き忘れてしまったのではないか」と不安になり，精神衛生上よくない。

　そして，記録や書籍が積み上がった机では，これらが落下する危険が常に付きまとう。落下するとどうなるか。私はノートパソコンのキーを墜落した六法で何度か破損させてしまった。

　読者の皆さんは，同じ轍を踏まないよう，机の上をきれいに片付けてから起案に取り掛かっていただきたい。

第2編

実践編

―場面別！　起案添削講座

　　第2編ではいよいよ，弁護士が作成する
　　様々な書面について，具体的に検討していこう。

　　　まず，起案の「お題」を提示し，それに従って
　　　　　作成された「起案例」を示す。
　　　そして起案例の問題点を考えつつ添削し，
　　　　最後に「添削後の起案例」を示す。

　添削前の起案例は，これまで指導を担当した修習生や，
　相談を受けた若手弁護士の起案を添削している中で
　　気になった書き方・他の弁護士や依頼者，
　相手方から指摘された点などを参考に作成している。
　ぜひ，自身で起案を添削するつもりで読み進めて欲しい。

第1章

裁判外の書面

売掛金の支払いを
督促する手紙

あなたの顧問先であるムーンライト物流有限会社の月山光社長から次の相談があった。

「2017年10月，運送業者の会合の後の懇親会で，サンシャインエクスプレスという運送会社を経営している渡士野太陽という人物と知り合いになった。

翌月，渡士野から，ネット通販会社の配達を請け負っているが，このエリアの人手が足りないので下請けをお願いできないか，売り上げの7割をお支払いする，と言われ，同社が請け負った荷物の配達の下請けをすることにした。運送料は月末締めで翌月25日までに支払ってもらうという約束であった。契約書は取り交わしていない。

サンシャインエクスプレスは最初の月はきちんと入金をしたが，その次からは一部しか入金をしなくなった。このこと

を渡士野に言うと，渡士野は『来月まで待ってください。不足分は来月に必ず払います。』と言うので，その言葉を信じて仕事をしたが，だんだん支払われる金額が少なくなっていき，ずるずると未収金が増えてしまった。

　当社が下請けをした分については，発注者の注文書がこちらに転送されているので，売上額は集計してある。既払い金は当社の通帳に振り込まれている。

　相手方から，未収金を回収して欲しい。渡士野の言動は詐欺ではないか。」

　この相談を受け，ひとまず内容証明を送付することとした。

添削前の起案例

2018 年 5 月 10 日

〒○○○－○○○○

○○県○○市○○町 1－2　エキサイティングビル 201

株式会社サンシャインエクスプレス　御中

代表者代表取締役社長　渡士野　太陽　殿

〒○○○－○○○○

○○県○○市○○町 1－2－3

学陽法律事務所

弁護士　学　陽　太　郎

ＴＥＬ○○○－○○○－○○○○

ＦＡＸ○○○－○○○－○○○○

ご連絡

拝啓　時下益々ご清祥のこととお慶び申し上げます。

　私は，ムーンライト物流有限会社（○○県○○市○○町 4－5－6，以下「通知会社」と言います。）より依頼を受けて本書面を差し出します。

1　2017 年 10 月，貴殿は運送業者の会合の後の懇親会において，通知会社の代表者である月山光と知り合い，翌月，通知会社代表者に対し，「ネット通販会社の配達をしているが，このエリアにおいては人手不足である。」「売り上げの 7 割を下請運送料として支払うので，お願いできないか。」と提案し，通知会社はこれに応じました。なお，運送料は毎月末で締めて翌月 25 日に支払う約束とのことです。

2　2017 年 11 月に通知会社が下請けをした仕事の売り上げは，発注者の注文書によりますと 135 万 2500 円です。この 7 割にあたる 94 万 6750 円が通知会社の運送料としてお支払いいただくべき金額になります。

POINT 1
宛先を誰にする？

POINT 2
「殿」と「様」の使い分けは？

POINT 3
できれば表題を具体化しよう。

POINT 4
時候の挨拶。いる？いらない？

POINT 5
「当職」にするか。「私」にするか。

これについては同年 12 月 25 日に全額お支払いいただき
　ました。
3　同年 12 月に通知会社が下請けをした仕事の売り上げは，
　269 万 3000 円であり，その 7 割は 188 万 5100 円となり
　ます。貴社は通知会社に対し同金額を支払うべきところ，
　2018 年 1 月 25 日には 120 万 5000 円しか支払われません
　でした。
4　2018 年 1 月には同様に 152 万 9800 円の売り上げに対し
　貴社が支払うべき運送料は 107 万 860 円であるべきところ，
　同年 2 月 25 日には 60 万 3000 円しか支払われませんでし
　た。同年 2 月には同様に 113 万 2400 円の売り上げに対し
　貴社が支払うべき運送料は 79 万 2680 円であるべきところ，
　貴社は支払期限を徒過した上で，同年 3 月 30 日に 15 万
　5000 円しか支払いませんでした。
5　通知会社代表者は，度々きちんと支払うよう要求しました
　が，貴殿は「来月まで待ってください。不足分は来月に必ず
　払います。」と述べ，約束を反故にしました。
6　以上の経緯ですので，未払い金 178 万 6540 円を本書面
　到着後，1 週間以内に次の口座に送金してお支払いください。
　　　○○銀行○○支店　普通　○○○○○○○　預り金口座
　　　　　　　　　　　　　　　　弁護士　学陽太郎
　　（アズカリキンコウザ　ベンゴシ　ガクヨウタロウ）

　　万一お支払いがない場合は，貴殿に対し，法的責任を追及い
たします。

　　　　　　　　　　　　　　　　　　　　敬具

起案添削のPOINT

☑ 内容証明か，普通の文書か？

　この依頼者の希望は，相手方から金銭の支払いを受けることである。ということであれば，支払いを督促する手紙を作成する必要がある。

　手紙の出し方は，普通郵便，簡易書留郵便，配達証明付内容証明郵便などいろいろなパターンがある。相手方に督促をしたという事実を残したいのであれば，内容証明郵便に配達証明をつけるということになるだろう。督促をするだけならば，ただの請求書だけでもよい。しかし，「先生，内容証明で出せば相手は払ってきますよね。」と期待する依頼者に対し，「いや，内容証明にそのような強制力はありません。」と説明するではないか。それを踏まえても，なお内容証明で出すのか，少し考えてみよう。

　まず，このときに意思表示をしたということを確実に証明する必要がある場合は，内容証明でなければならない。賃貸借契約の解除通知やクーリングオフの通知などである。請求書も，消滅時効が迫っている場合は至急内容証明で送付し，その後6か月以内に訴訟などを提起しなければならない。

　そのような事情がなくても，後の裁判で証拠として引用しようと考えているのであれば，内容証明がふさわしい。このときにこのような通知を送った，これに対して相手方はこのような返答をした，などの場合である。貸金300万円を支払え，という請求をしたところ，分割にして欲しいという回答書が来たとする。請求書と回答書を併せれば，被告は300万円を借りたこと，抗弁事実は存在しないことの証拠になる。裁判の全体像から見れば間接的な証拠にとどまるが，金銭消費貸借契約書がなく，貸した領収書もないという事案では重要な証拠になる。このような場合，内容証明で送る方がよいであろう。

　それから，相手方の所在確認をする必要があるときも，内容証明を使うのがよい。配達証明付内容証明郵便を送付すれば，郵便局員が配達をしてくれる。相手方が受け取ったのか，受け取りをしないで郵便留置期間を経過して返送さ

れたのか，宛先不明で返送されたのかによって，必要な所在調査をする。そうすれば，訴訟提起と同時に送達場所の上申をすることができる。

そして，世間一般で言われている，内容証明の重々しさを活用する場合である。依頼者は，弁護士から内容証明を送ってもらうことで相手方に本気度が伝わり，問題が解決すると期待する。それは受け取った相手方も，弁護士が何かするのではないかと不安になり，自分で弁護士に相談をしたり，一定の解決を図ろうとしたりするかもしれない。そのような世間の常識は，弁護士の内容証明に対して世間の人々が畏敬の念を抱いているからだと思う。ありがたく，適切に活用しよう。

他方，内容証明を受け取った相手方はプレッシャーを受けることになる。相手方が対立する関係になく，協力を求める場合やお願いをする場合であれば，いたずらに内容証明にすべきではない。話せばわかる相手でも「あの弁護士は内容証明で通知をよこした。」と怒る人は少なくない。

しかし，今回のような督促状は，内容証明で送付するのがよいだろう。

☑ 電子内容証明郵便の活用

弁護士にとって内容証明郵便はとても身近である。依頼者から概要を聞いて，数時間後には発送するということも珍しくない。昔は文字数を揃えた用紙を3通用意し，送付用封筒を添えて事務員に託し，「至急出してきて。」と郵便局へ持ち込んでもらった。一仕事終えたとほっとしていると，郵便局にいる事務員から「先生，割り印がありませんでした。」とか「欄外にページが印刷されていました。」とか「一か所，句点があって一行の文字数をオーバーしていました。」などの電話がかかってきて，慌てて訂正版を作成して自分で郵便局に持ち込んだりしたこともあった。もちろんこれらの点は事務員の方が慣れているので，事務員に原案のデータを渡し，確認をさせた上で郵便局へ出発してもらうと，形式的なミスはほぼなくなった。

今，内容証明郵便は電子化されている。これを活用している読者の皆さんも多いことだろう。電子内容証明郵便であれば，自分のパソコンから24時間年

中無休で差し出すことができる。形式的なミスで受付がされないということはない。長文でも結構気軽に送れる。事務員を介さず，その場で完結する。自分で内容証明郵便を出しに行った経験のある人は，自分が作成した内容証明を郵便局の職員が難しい顔をして読んでいる（形式面のチェックをしているだけだが）のを見たことがあるかもしれない。その職員が「郵便認証司」である。「郵便認証司が席を外しているので受理するまで1時間かかります。」と言われることもない。内容証明郵便はとても便利で気軽になった。

　しかしその反面，文章が冗長になったり，内容を吟味せず思いつくままに起案して送ってしまうなどの弊害はないだろうか。また慌てて，画面操作を間違えるということもある。私は電子内容証明の画面で，うっかり配達証明をつけずにそのまま送信してしまったことがあった。あっ，と思っても後の祭り。代替策として郵便追跡サービスの画面を印刷し，相手方に配達完了したという証拠を保管していた。後日相手方に弁護士が代理人に就任し，「貴職平成○○年○○月○○日付け通知書に対し回答します。」という内容証明がやってきて，安堵した。

　この失敗話，ぱっとご理解いただけただろうか。先ほどから「内容証明」「内容証明郵便」という言い方をしている。内容証明だけだと，相手方に送った書面の内容はこれこれですよ，ということしか証明されない。その書面が相手方に配達されて初めて意思表示が到達したことが証明される。そのためには，オプションで「配達証明」をオーダーしなければならない。「内容証明くださーい。」というだけでは，配達証明はついてこないのである。

　せっかくおいしいステーキセットを注文したつもりだったのに，ライスとスープを頼み忘れてステーキ皿だけがドーンと運ばれてきた，しかも画面で注文をしたので店員にも文句を言えないというところだ。

　電子内容証明郵便では，事務員や郵便局員はあなたのミスを指摘してくれない。落ち着いて画面を操作しよう。

☑ この文書の目的は何か？

この督促状を送付する目的はなんだろうか。もちろん，督促状を読んで相手が全額払ってくれるならば言うことはない。しかしこれまで相手方はきちんと支払いをしてこなかった。内容証明だけですんなり支払うとは思えない。となれば，内容証明で督促をするだけでなく，仮差押えや本訴提起の準備もする必要がある。仮差押えを申し立てるのであれば，事前に内容証明を送らないということも考えなくてはならない。

このように，内容証明だけを送って解決するということでなければ，その後の手続を見据えて書面を作成しなければならない。そのためには，事件処理の方針をきちんと立てなければならない。

今一度，お題の相談概要を見てみよう。依頼者は未収金の回収とともに，相手方の社長は詐欺ではないかと訴えている。起案例は依頼者の言い分を時系列に従ってまとめた結果，この点が錯綜している。未収金の回収であれば，下請契約に基づく請負代金請求である。詐欺であれば，不法行為に基づく損害賠償請求である。前者であれば，相手方は法人であるし，後者であれば代表者であろう。この点が錯綜しているので，誰に対するなんの請求か，よくわからない。

事件処理方針として，請負代金請求で行くのがよいのか，不法行為に基づく損害賠償とするのかを考えなければならない。依頼者からよく話を聞かなければならないが，詐欺だというのであればこちらが立証すべきことは相当ある。その立証に時間を要し，仮差押えや本案の判決が遅れるということもある。そうであれば，依頼者にそのような見通しを伝えた上で，今回は請負代金請求を柱に進めていく，そのための内容証明郵便を送付する，ということでよいだろう。

請負代金請求権に基づき未払金の督促をすると決めたら，余計なことは極力書かないほうが良い。

☑ 相手方の対応を想定する

　どのような文書でも，必ず読む相手がいる。自分が作成した文書の読者はどのように思い，どのような行動に出るのかを考えなければならない。

　この事案であれば，受け取った相手方がそのまま支払うのか，書面の記載内容を争って反論するのか，内容を認めた上で支払いの猶予を求めるのか，全く無視をするのか，受け取りをしないのかなどである。そして相手方が弁護士に書面を見せたとき，その弁護士がどのような対応をするかも考えておくべきであろう。相手方本人がいろいろ言おうとしても，事情を聴いた弁護士において争う余地がなく反論しても仕方がない，支払うか支払わないかしかない，と思わせる書面の方が良い。

　添削前の起案例を再度見てみよう。あなたがサンシャインエクスプレスから相談を受けた弁護士であればどうだろうか。渡士野社長が，「そもそも下請けをやらせて欲しいといったのは月山さんですよ。」などと言い始めたら，一つ一つ反論しなければならないな，という気持ちになるだろう。そのような書面であれば，今回の目的からそれてしまうということになる。細かい時系列を一つ一つ記載することは，今回は不要である。

　請求する側の弁護士としては，相手方（やその代理人弁護士）が内容証明を読んで，まず下請契約について認めて争わないことを期待する。売り上げの7割を請負代金として支払うということは，口頭でしかない。この点を確約したと認めさせるためにはどうしたら良いか。こちらから，客観的な事実として11月の金額計算とこれに従った振り込みがあったということを示すのがよい。渡士野社長が「売り上げの7割なんて約束はしていない。」と自分の弁護士に説明しても，我々弁護士は目の前の依頼者の言動を信用できるかを常に見ているのであるから，内容証明に記載された事実について確認をし，依頼者を追及するはずである。また，支払いがなされない事実について渡士野社長が「ムーンライト物流は遅配，誤配が多いので減額をした。」と説明しても，その計算の根拠がなく金額も妥当でないとなれば，内容証明に記載されたやり取りは正しいのかもしれないとの心証を抱くだろう。そうであれば，あまり積極的に争わ

ず，交渉により減額をして解決できないかという方針を立て，それを依頼者に
説得する可能性もある（それが行き過ぎると，「債務整理」や「自己破産」に至る
可能性もあるが。）。

このように，文書を受け取った相手方がどのような対応をするかを常に考え
て書面を作成する必要がある。

POINT 1

☑ 宛先は誰なのか

ここから少し，形式面の話をしよう。

添削前の起案例を読んでまず最初に違和感を覚えるとしたらどこか。「宛先」
と答えて欲しい。

内容証明郵便には「完全同文内容証明」というものがあり，同じ内容の文面
で複数の相手方に送付することができる。「なぜ会社と社長が一緒に書かれて
いるの」という質問に対し，これは会社と社長の連名だ，つまり宛先は２件ある，
と思うのであれば，要件事実を再考する必要があろう。

そうではなく，会社に請求するところ，なんとなく社長も並べてしまったと
いうのであれば，ビジネス文書の書き方でミスをしている。これを機会に改め
て欲しい。

結論から言う。一つの宛先で「御中」と「様」は両立しない。どちらかにしな
ければならない。今回の請求では，相手が会社であるので，

「株式会社サンシャインエクスプレス　御中」

のみでよい。なお，「株式会社」を「(株)」とすることは失礼に当たるといわれ
ている。

逆に，ある会社の人物に対し送付したいのであれば，会社名は所属を表すも
の＝肩書として扱う。この場合は，

「株式会社サンシャインエクスプレス
代表者代表取締役　渡士野　太陽　殿」

となる。

　相手方は会社，ただ社内で郵便が迷子にならないよう，担当者を明示したい場合はどうするか。担当者をカッコで記載すればよい。つまり，

「株式会社サンシャインエクスプレス　御中
　　（ご担当　総務部総務課　鈴木一郎　様)」

でよい。

　細かいことは気にしすぎなくてよい。例えば，部署名まで書いて御中にするべきか否かなどは，相手の組織の規模にもよると思う。郵便を受け取った相手が仕分けしやすいようにしておけばよい。大事なのは，御中と様を一緒に使わないことである。ここのミスは常識を疑われてしまう。

POINT 2

☑「殿」か「様」か？

　内容証明郵便で相手方に要求をするという場合，殿宛でよい。

　何がかというと，相手の敬称をどうするか，である。どっちも同じだろう，と思ったあなた，自分が手紙をもらったときに，殿と様と，それぞれ呼ばれたときの印象を考えてみよう。私であれば「牧田様」と呼ばれるときは相手から丁寧に扱われていると感じる。「牧田殿」と呼ばれるときは，なんですか何かイイタイコトでもありましょうか，と身構えてしまう。

　一般的にも「殿」は「様」よりも改まった言い方であるという受け止め方がなされるようだ。私がこのことを意識したのは，まだ弁護士として駆け出しの頃である。ある団体から通知書が送られてきた，という相談があった。その相談者は通知書に記載された内容よりも，自分の名前の後ろに「殿」と書かれたこ

とに憤慨していた。それまで殿も様も同じような敬称だろうと思っていたところ，この相談者の指摘に，なるほど受け止め方が違うと気が付いた。それ以来，注意をするようになった。

日本語は難しい。「殿」よりも「様」が丁寧であるならば，「貴殿」よりも「貴様」の方がより丁寧なのか，とひねくれてみたくなる（間違っても「貴様」は使わないこと。使用してしまっても責任はとれません。）。

書面のタイトルをどうしよう？

「ご連絡」でも間違いではない。しかし書面の内容を一言でまとめられるならば，そのほうが良い。例えば，請求書，督促状，解除通知書，などである。

なぜか。後日訴訟になったとき，証拠の引用をしやすいからである。例えば，今回送付した内容証明郵便を証拠として提出するとする。証拠説明書には「○○年○○月○○日付『ご連絡』と題する書面」と書くのは迂遠であろう。「○○年○○月○○日付請求書」と書く方がかっこよいではないか。これは自分で証拠説明書を作成するだけではない。相手方がこの書面を引用する場合にも同じことが言える。今回送った書面に対する回答の書き出しとして「貴職の○○年○○月○○日付請求書に対し，以下回答いたします。」と書かれるのか，「貴職の○○年○○月○○日付『ご連絡』と題する書面に対し，以下回答いたします。」と書かれるのがよいか。後者だと，自分の芸のなさを相手に見透かされていると感じるのは私だけだろうか。

一言でまとめられなければ「ご連絡」でもやむを得ない。

頭語と結語や時候の挨拶は必要か？

「拝啓」や「前略」は頭語，「敬具」や「草々」は結語と言い，手紙における「こんにちは」と「さようなら」に当たる。

弁護士が書く書面でも，相手に対する書簡であれば当然つけた方がよい。ただ，相手方に対し内容証明郵便で金銭の支払いを督促する場合は，頭語や結語を省略してもよいと思う。

　私は，内容証明郵便でも「前略」「草々」は入れている。その方がおさまりがよいし，最低限の礼を示すことでより改まった感がある（スイカに少々の塩で甘みが増す，程度のことである。）。

　時候の挨拶については，一般的なビジネスレターであればほぼ「時下益々〜」だと思う。それぞれの季節に応じて「風薫る５月〜」とか「晩秋の候〜」と書いている人は見かけない。内容証明郵便では時候の挨拶は入れなくてよいと思う。

POINT 5

☑「当職」か「私」か？

　赤塚不二夫の人気漫画『天才バカボン』に出てくるつながり目玉のおまわりさんをご存じだろうか。気に入らないことがあると「逮捕だ逮捕だ」と叫んで拳銃をぶっ放す，日本一銃弾の使用量が多いおまわりさんである。彼は自分のことを「本官」というので，「本官さん」と呼ばれている。

　「本官」の弁護士版が「当職」である。「当職」は弁護士が自分に対する呼称として弁護士の間では一般的に使われている。但し，世間ではなじみがない言葉だと思う。ということは，一般の人向けの文書でこの言葉を使うと，とてもかしこまった印象を与える。返信用封筒を使って送り返して欲しいということを頼むのに，「私までお送りください。」というのと「当職までお送りください。」という際の違いは，なんとなくおわかりであろう。

　そのため，内容証明郵便で出すような文書であれば，「当職」という方がよい。逆に通常の手紙では，改まりすぎて相手に対し近寄りがたい印象を与えるため，「私」でよいだろう。

　なお，時々話し言葉で「当職」を使っている弁護士がいる。同業者でも聞いていて違和感がある。実社会で警察官や検察官，裁判官が話し言葉で「本官」を使っている人がいるだろうか。「本官さん」ならぬ「当職さん」とあだ名がつ

かないうちに改める方がよいと思う。

☑ 数字が並ぶときは，簡潔に見やすくする

　起案例を依頼者に送り，これでよいかどうか承諾を求める。ファックスのこちらでは「どや顔」である。すると「先生，請求金額が合わないようです。」と電話がかかってきた。慌てて全て見直す。預かった書類，通帳の記載，請求額と入金額。記載例をもとに検算をすると，かなり大変だ。実は起案例は一か所，計算ミスがある。一分以内に探しきれるだろうか。

　内容証明郵便で出す，ということは，こちらの主張もばっちり残るということである。計算ミスなどしないようにしたい。そのために，数字や日付はできるだけ並べて読みやすくする方がよい。

　こんなことをわざわざ指摘するのは，先日私自身やってしまったからである。読みやすく数字を並べた上で，例えば「136万3000円」を「136万6000円」と書いて送ってしまった。その後起こした裁判でフォローができたので事なきを得たものの，ミスを発見したときは慌てた。

　そして，簡潔に見やすい書面は，後に訴状を作るときなどにも生かされる。見やすい，読みやすいということは相手の為だけではない。自分にもメリットがある。

☑ 断定的な記載について

　最初に送付する通知書は，依頼者の言い分のみを聞いて作成する。依頼者とはいえ，全てを正確に説明できるものではない。思い違い，記憶違いは当然ある。相手に対する怒りから，物事を都合のよいように解釈し，それを弁護士に伝えているかもしれない。または，弁護士を利用しようと，虚偽の事実をことさら伝えて相手に請求させようとする輩もいる。

　添削前の起案例は，月山氏の話から事実を構築し，断定的に述べている。例えば，下請けの運送料についての合意は，客観的な書面はない。この件では最

初の月の支払いが，売り上げの7割ちょうどの金額であったことから，相手方も積極的に争わないのではないかと考えることができる。そのため，多少断定的でも問題はないだろう。もし，慎重にするのであれば，「通知人によれば〜」という留保を付して主張を展開すればよい。

　断定的な記載について気を付けなければならないのは，相手に対して名誉棄損になるような事実を示す場合である。例えば，依頼者の言うなりに「貴殿は依頼者の車を無断に乗り去りました。貴殿の行為は窃盗罪が成立します。直ちに車を返却してください。応じない場合は刑事告訴や損害賠償手続をします。」と書いたとしよう。数日後に車検証のコピーが送られてきて，よく見たら車は最初から相手方の名義であった。そして回答書には「車は当方の依頼者が通知人に無償で貸していたところ，通知人がこれを第三者に売却しようとしたことから，引き揚げました。」とあり，依頼者を問い詰めたら，実はそうだという。こうなると，人を犯罪者呼ばわりした，ということで侮辱だ名誉棄損だと相手方から問い詰められかねない。

　最初の時点では依頼者の情報しかないのであるから，どんなに急いでもきちんとした事情聴取と事実の調査を怠ってはならない。車の件であれば，車検証は車に入っているのだろうから，家にあるだろう任意保険証書や自動車税納付書の控え，車を入手した経緯，契約書の有無などを確認すべきであろう。なるべく断定を避けるのであれば「通知人によれば〜」「通知人の述べる事実のとおりだとすると〜」など，留保して主張することも検討しよう。「弁護士」という法律の専門家から「内容証明で」犯罪者扱いされた，というのは一般の人の恨みを買いやすいし，一般でない人の場合は，弱みに付け込まれる危険がある。

☑ どのような文体で臨むか

　内容証明で相手方に通知をする，という場合に，なれなれしい文章を書くという人はいないだろう。逆に，依頼者の気持ちを汲んで攻撃的な文章を書く，という人はいるかもしれない。攻撃的な文章とは何か。例えば，「依頼者が何度も督促をしたにもかかわらず，お支払いがないのは極めて遺憾です。」とか

「貴社の誠意を欠いた対応について怒りを禁じ得ません。」など，代理人がエキサイトしている場合である。

　弁護士も百人百様であるから，エキサイティングな人がいても不思議ではない。自他ともに認める熱血弁護士だという人もいるだろう。ただ，情熱的なことと，それが表に出ることとは別問題である。状況を常に把握し，最善の手段を考えるためには，心は熱くても，頭は常に冷静でなければならない。

　文章も顔と同じで，気持ちが文字に現れてくる。攻撃的な文章では揚げ足を取られたり，まとまる話もまとまらなくなったり，話がこじれたりする。

　誠実な文章を作成すること。そのためには，修辞的な表現は控える方がよい。その結果，「この弁護士は冷静で頭がよさそうだ。」「嘘は通用しない。」と相手が思ってくれれば儲けものではないか。

POINT 6

☑ 最後の決めゼリフ

　最後に，内容証明お約束の「お支払いがない場合は，法的手段に訴えます。」を考えよう。人によっていろいろなバリエーションがある。気を付けたいのは，単なる脅しで使わないこと。裁判についての委任契約をし，委任状などをすでに受け取り，訴状の作成を並行して行っているのであれば，断定しても構わないと思うが，とりあえず内容証明しか受任しないという場合は，断定すべきではない。「お支払いがない場合は，民事上の請求をいたします。」とすると，自分がするぞ，となる。これを「お支払いがない場合は，民事上の責任を追及されることにもなります。」にすれば，自分が追及するかはさておき，支払わないなら責任追及されることもありますよ，となる。これなら嘘はついていない。

　書面の最後まで，きちんと着地を決めるようにしよう。

2018 年 5 月 10 日

〒○○○－○○○○
○○県○○市○○町 1－2　エキサイティングビル 201
株式会社サンシャインエクスプレス　御中

〒○○○－○○○○
○○県○○市○○町 1－2－3
学陽法律事務所
弁護士　学　陽　太　郎
ＴＥＬ○○○－○○○－○○○○
ＦＡＸ○○○－○○○－○○○○

督促状

冠省
　当職は，ムーンライト物流有限会社（○○県○○市○○町 4－5－6，
以下「通知会社」と言います。）より依頼を受けて本書面を差し出します。
　通知会社によれば，2017 年 11 月，通知会社は貴社より，貴社が配達
を請け負った荷物を通知会社が配達するという仕事を請け負いました。
その際，運送料は売り上げの 7 割とすることを決めました。
　通知会社は同月から 2018 年 2 月まで，貴社の下請けとして荷物の配
達を行いました。これに対し貴社は 2017 年 11 月分について，約束通り
売り上げのうち 7 割を運送料としてお支払いされました。しかしその後
は一部しか支払いませんでした。売り上げと請求額，既払い金は下記の
とおりです。
　通知会社は度々督促をしましたが，貴社代表者は「来月まで待ってくだ
さい，不足分は来月払います。」などと述べるだけで，支払いをされませ
んでした。
　既払い金を差し引きますと，本日現在 178 万 5640 円の運送料が未払
いとなっています。
　つきましては，本書面到着後，1 週間以内に同金額を次の口座に送金
してお支払いください。

○○銀行○○支店　普通　○○○○○○○
　　　　　　　　預り金口座　弁護士　学陽太郎
　　　　　（アズカリキンコウザ　ベンゴシ　ガクヨウタロウ）
　期限内にお支払いがない場合や，なんらご連絡がない場合は，法的手続きを執りますことを申し添えます。
　今後，この件に関するご連絡は，全て当職宛にしていただきますようお願いいたします。

　　　　　　　　　　　　　　　　　　　　　　　　　草々

　　　　　　　　　　　　　　記

1　売上及び請求額
　（1）　2017年11月分
　　　　売上　135万2500円　請求額　94万6750円
　（2）　2017年12月分
　　　　売上　269万3000円　請求額　188万5100円
　（3）　2018年1月分
　　　　売上　152万9800円　請求額　107万860円
　（4）　2018年2月分
　　　　売上　113万2400円　請求額　79万2680円
　　　以上請求額合計　469万5390円
2　貴社既払い金
　（1）　2017年12月25日　　94万6750円
　（2）　2018年1月25日　　120万5000円
　（3）　2018年2月25日　　60万3000円
　（4）　2018年3月30日　　15万5000円
　　　以上既払い金合計　290万9750円
3　未払い金　178万5640円（※遅延損害金を除く）

　　　　　　　　　　　　　　　　　　　　　　　　　以上

裁判官からひとこと

1 裁判官が，裁判外の弁護士業務に意見を述べてもよろしいか？

　弁護士が訴訟手続外において作成する書面の在り方については，裁判官の側から，あれこれと意見ないし注文を付けられる立場にあるものではない。訴訟手続において提出される書面の在り方については，審理を主宰し，最終的な判断をする裁判官が，あれこれ注文を付けることに大きな意味があるといえるのに対し，訴訟外の事柄については，裁判官が職務上タッチするものではないのであって，それについて裁判官がいろいろと口を出すことは，悪い見方をすれば，裁判官による弁護士業務への介入云々という形で，問題視される可能性もなくはない。

　但し，訴訟手続外で取り交わされた書面が，後日，訴訟手続において書証として提出されることも十分あり得ることといえるので，裁判官としては，弁護士が訴訟手続外において作成・送付した書面についても，無関心でいられるものではない。

　私自身は，別に弁護士業務の在り方について，余計な口出しをするつもりは毛頭ない。また，これから私が述べることについても，絶対に正しいといえる確信はない。したがって，弁護士である読者の皆さんの側において，「弁護士ではない者が勝手に職務外のことについてケチをつけている。」「内容も間違いだらけだ。」と思われるのであれば，無視していただいてもよろしいと考えている。但し，牧田弁護士の主論については，弁護士業務に実際に携わっている方の貴重な意見ないし指摘として，正面から受け止めていただきたいと思う。

2 売掛金の支払いを催促する手紙を一読して……

　牧田弁護士の売掛金の支払いを督促する手紙の起案例について，読者の皆さんはどのような第一印象を持たれたであろうか。

　私の第一印象は，金の支払いを請求しようとしていることはわかるが，何かしっくりこないな，余計というか，なんとなく煩わしい事項が並べられているな，というものであった。このような印象に対しては，手紙の趣旨ないし最も伝えたいことが最終的に読み手に伝わればいいじゃないかという意見もあるかもしれない。ただ，弁護士というスペシャリストたる者，法律関係の書面を作成するのであれば，ポイントがはっきり見えてくるような，もうちょっとしっかりした手紙を書いて欲しいというのが，同じく法律関係の仕事に携わっている者としての意見である。

3 しつこいが，文章を書き出す前には 事前準備をすべし

　この起案例の作成者は（あくまで牧田弁護士が問題点をてんこ盛りにすべく作り上げた架空の起案であるが，その点はひとまず措いておいて），手紙を書く前に，何を書くのか，というより，何を中心に据えた手紙を書くのかを，きちんと考えていたのであろうか。また，中心に据えるべきことと併せて書くべき事項として，何を手紙の中に盛り込むか，そして，複数の事項を書き並べることになったのであれば，それらの順番をどうするか，そして何よりも，中心に据えるべきことが，手紙におけるクライマックスを構成するようにするにはどうすればよいのか，そういった点を十分検討したのであろうか。

　書面を作成するときには，いきなり書き出すのではなく，事前に検討ないし推敲を十分に行ってから書き出すべきである。第1編第1章の「裁判官からひとこと」でも書いたことであるが，書くべきことをしっかり決めてから，文章を書き始めよう。

4 配達証明は，裁判官にとってはとても有り難い

　売掛金の支払いを求める際に，内容証明郵便を用いるか，それとも普通郵便で済ませるかといった点に関し，相手方に対する心理作戦的な部分は，裁判官が意見するところではない。但し，裁判官の立場からすれば，配達証明をもって意思表示（あるいは観念の通知ということもある。）の相手方への到達の日付を確実に立証できるようにしておくことは，非常に重要と考えられるのであり，配達証明は，裁判官が，意思表示等の到達の日付を認定するのにとても役立つ（複数の対立する証拠を前にして，「一体この意思表示はいつ，どのような形で，相手方に到達したんだろう？」とあれこれ悩むことがなくなる。）。後日の立証の必要性がうかがえるような場合には，できる限り配達証明を確保しておくことをお勧めしたい。

5 提訴前であっても，実体的権利の選択については 十分な検討を

　牧田弁護士のお題１及び起案例では，金銭支払請求の実体的権利について，請負代金請求権で行くか，不法行為（詐欺）に基づく損害賠償請求権で行くかといった点が問題となっているが，この点についての判断は，非常に重要である。

　いかなる実体的権利に基づく請求とするのかを決めるのは，訴状を作成するときに，訴訟物を特定する段階で初めてやればいいことじゃないか，などと思わないで欲しい。牧田弁護士が「内容証明だけを送って解決するということでなければ，その後の手続を見据えて書面を作成しなければならない。そのためには，事件処理の方針をきちんと立てなければならない。」と指摘していることの意味を，今一度よく確認，ないし理解しておいていただきたい。

　牧田弁護士は，宛先を誰とするかを検討することの重要性についても論じているが，この点は，実体的権利の選択と一体化している問題である。弁護士である読者の皆さんに対して「釈迦に説法」をさせていただくと，会社と契約を締結しているのに，代表者個人に対して契約に基づく請求権を主張するような

ことがあってはならない（ちなみに，このような場面では，法人格否認の法理を持ち出して，代表者個人に対して契約に基づく請求権を主張することがまま見られるが，法人格否認の法理は極めて例外的に認められるにすぎないことを，今一度理解しておいていただきたい。）。

　加えて指摘しておかねばならないことは，訴訟提起前の手紙に記載していた実体的権利と，提訴後における訴訟物とが異なるとなれば，裁判官としては，「この原告は，言い分が揺れているな。自分の主張に自信がないことが表れているな。」と思われてしまう可能性もある。そのような観点からも，実体的権利の選択は，提訴前であっても十分な検討をしていただきたい。

　更に厳しめなことを付け加えさせていただくと，手紙は作成者の人柄を表すものであるが（この点は，牧田弁護士が，本編第2章〈お題2〉の「刑事事件の被害者に対する手紙」の部分で述べている。），人柄のみならず，能力もにじみ出てくるところがある。訴訟段階で弁護士の作成した手紙が書証に出てきた際に，それを閲読することで，目の前で訴訟活動をしている代理人（提訴の前後で同じ弁護士が代理人となっていることを前提とする。）の力量がある程度見えてくることも，ないわけではない。特に，十分に推敲を経てから作成されたことがよくわかる文章なのか，それともほとんど推敲らしい推敲をせずに書かれた文章なのかといった点は，裁判官以外の人が閲読しても判断できることが少なくないであろう。そして，文章から見えてきた弁護士の力量に照らして，その事件について，早期に適切な解決を図ることが期待できるかどうかも見えてくることがある。そういった観点から，くれぐれも，「裁判所に提出する書面の場合には，裁判官から説明を求められたり，相手方代理人から求釈明が出されたりするかもしれないが，法律の専門家ではない人に宛てて発送する書面だから，細かいところまで推敲しなくてもいいだろう。」などと考えることはしないで欲しい。弁護士が作成・発送する手紙一つで，紛争が解決に向かうこともあれば，かえって解決に支障を来すこともあり，さらには，相手方が，名誉棄損だ，侮辱だなどと言い出して，新たな紛争を引き起こすこともある。

6 断定的記載や文体の選択については，相手方の存在を頭に入れて

　私は，第1編第2章の「裁判官からひとこと」で，「文章の作成というものは，読む相手がいることを前提とする行為なのである。そして，文章を作成する際には，その相手を尊重する気持ちをもって，作業に臨む必要があるということである。」「『文章作成の約束事』は，読み手という相手を尊重することが，約束事の本質なのである。『相手というか読み手を尊重する』こと，行きつく先は，ここである。」と書いた。牧田弁護士が，断定的な記載については気を付けるべきということ，攻撃的な文章を書くと話がこじれたりすることを指摘しているが，依頼者の立場を重視するあまり，弁護士自身も相手方と完全に敵対関係になってしまうことは，避けるように心がけていただきたい。繰り返すが，手紙等の文章は，読み手という相手方の存在を頭に入れ，読み手を尊重する態度を忘れないことが大切である。

7 弁護士が相手方本人の恨みを買わないように

　あるべき書面について論じている関係で，一言触れておきたいことがある。それは，今に始まったことではないと思われるものの，最近，弁護士が相手方当事者本人から恨まれるという事態に直面することが増えてきたように思う。

　公共交通機関の乗客同士のトラブルに代表されるように，最近，他人に対する寛容さが失われつつあると言われていて，他人とぶつかりあうようになっているのは，世の中全体の傾向なのかもしれない。弁護士と相手方当事者の例としては，被告本人が，「原告本人と和解すること自体はやぶさかではないが，あの原告代理人が就いている限り，絶対に和解はしない。あの代理人の尋問における態度や，書面の書きっぷりは，絶対に許すことができない。」と言い張ったことがあり，また，尋問の際に遮へい措置を講じて欲しいとの申し出の際に，「本人との間の遮へいは必要ありませんが，代理人との間を遮へいして欲しい。」と言ってきたことがあった。このようなトラブルの原因が，代理人である弁護士の側のみにあるとは言い切れないが，トラブルへの対処を仕事にしている弁

護士であれば，可能な限りにおいて，回避する措置ないし方策を講じることができるはずである。くれぐれも，弁護士が相手方当事者本人に送付した書面が原因となってトラブルを悪化させてしまうことのないように気を付けていただきたい。

刑事事件の被害者に対する手紙

･･･

あなたは強盗致傷事件の被疑者，深井海吾の国選弁護人に選任された。被疑者は被疑事実を認め，できれば示談をして欲しいと述べている。

被疑者の母から，被害弁償金として 30 万円を預かった。

検察官から，被害者の承諾を得たとして被害者の氏名，電話と住所を聞いた。

その後，被害者に何度か電話をかけたが出なかった。

被疑者が勾留されてから 4 日目である。

以上を踏まえ，被害者に対し手紙を書いてみよう。

添削前の起案例

POINT 1 住所を書いても大丈夫？

POINT 2 違和感を感じない？

POINT 3 「通知書」でも間違いではないが……

POINT 4 時候の挨拶。いる？

POINT 5 どうしよう。「殿」？「様」？「私」？「当職」？

POINT 6 内容は正しいが……。

POINT 7 被疑者情報の開示は可能か？

POINT 8 今書くべき？

POINT 9 弁護人としてお詫びをする？　しない？

POINT 10 とりあえずでOK？

POINT 11 ものを頼む態度？

2018 年 3 月 3 日

〒○○○－○○○○
　　○○県○○市○○町 45 － 6　　○○ヒルズ 1 号館 708 号室
山田花子殿

　　　　　　　　　　　〒○○○－○○○○
　　　　　　　　　　　○○県○○市○○町 1 － 2 － 3
　　　　　　　　　　　学陽法律事務所
　　　　　　　　　　　弁護士　学　陽　太　郎
　　　　　　　　　　　ＴＥＬ○○○－○○○－○○○○
　　　　　　　　　　　ＦＡＸ○○○－○○○－○○○○

　　　　　　　　　通知書

拝啓　時下益々ご清祥のこととお慶び申し上げます。
　さて、当職は深井海吾殿が先月 18 日に貴殿に対する強盗致傷事件で国選弁護人に選任されました。これまで何度か貴殿に架電しましたが応答がありませんでしたので本書面を差し出します。
　現在同人は○○警察署に勾留されております。今後この事件が起訴されるか否かについては現在警察，検察が捜査をしており，最終的には検察官が処分を決めます。また正式に起訴された後は裁判官が有罪か無罪かを決めます。いわゆる無罪推定の原則がありますので，確定的なことはこれらの結果次第となります。ただ，現在深井殿は事件を認めておりますので，とりあえず同人を代理して今回の事件についてお詫びを申し上げますとともに，添付の示談書と被害届の取り下げに応じていただけるか，ご検討下さい。
　結果については上記当職の事務所までお手紙等で至急ご回答願えれば幸いです。
　　　　　　　　　　　　　　　　　　　　　　　　　敬具

起案添削のPOINT

☑ この手紙の目的はなんだろう？

　刑事事件の弁護はしんどい仕事である。無理難題を述べる被疑者・被告人の相手をすることもしんどいし，否認事件で膨大な記録を分析して弁護方針をまとめることもしんどい。そして被害者対応も，しんどい仕事の一つであろう。被害者から見ると，加害者＝被疑者・被告人は許しがたい存在であり，弁護士はその許しがたい存在を擁護する立場にいる。警察や検察官，被害者代理人と異なり，弁護人は構造上被害者と対峙している。被害者の怒りが弁護人に向けられることは珍しくない。

　自白事件であれば，弁護人は被害者と示談をし，被害届や告訴の取り下げや宥恕の上申書を取り付けるという任務を負う。そのために弁護人は，被害者の被疑者・被告人に対する怒りを解かなくてはならない。被害者にとってみれば，被疑者・被告人の弁護人は相手方であり，警戒心や不信感を持って見ていると考えるべきであろう。様々な誤解や憶測から，弁護人に対して敵意や反感を持っている被害者もいる。このように弁護人にとってみれば，被害者との交渉はゼロからの出発ではなく，マイナスからの出発である。海底から浮上して最後は山頂を極めるという成果を出さなければならない。そのため被害者対応は細心の注意を要するのであり，様々な気を遣う点で最もしんどい仕事ではないだろうか。

　弁護人が誠意をもって話し合いをした結果，被害者との間で示談が成立し，被害者から「ありがとうございました。」とお礼の言葉をいただくことがある。事件の被害に遭遇したことで深い怒りと悲しみに置かれた被害者が，弁護人との示談交渉を通じて事件が解決し，多少でも心が軽くなったのであれば，この弁護活動も無意味ではなかったなとうれしく思う。この瞬間は，弁護士冥利に尽きるというものだろう。

　このように，被害者とのファーストコンタクトはその後の弁護活動の成果が

決まる，重要な一歩である。海底から浮上できるのか，それとも大陸棚からマリアナ海溝へ転落して浮上不能となるのかが決まってしまう。そしてファーストコンタクトは，相手がどのような人かわからないまま進めなければならない。また被害者からすれば，被疑者・被告人の弁護人がどのような人物であるかわからない。お互いに手探りで最初の連絡を取り合うのであるのだから，ファーストコンタクトはまず電話で行うべきである。話し方や声でこちらに害意がないことを示すことができるし，弁護人にとっても被害者の話し方などでどのような状況に置かれているかがわかる。検察官または検察事務官は，通常被害者の承諾がとれたらその場で弁護人にその旨の連絡をする。もしその場で電話をとったのであれば，直ちに被害者に電話をかけるとよい。

　被害者に電話を何度かけてもつながらない場合は，今回のような手紙を出すしかない。

　以上，少々長めの前置きを踏まえ，添削前の書面をもう一度ご覧いただきたい。これを読んだ強盗致傷の被害者である山田さんは，示談書と被害届の取り下げに応じるだろうか。

　もちろん「面倒な弁護士だ。」「もう関わりたくない。」ということで示談書と取り下げ書にサインをして送り返すという可能性もゼロではない。ただ，この手紙の文面はどこか威圧的であり，性急ではないだろうか。特に被害者が電話に出ないというのであるから，被疑者を擁護する弁護人に対してより警戒しているのかもしれない。あるいは単に，出張や電話の不具合で出られないのかもしれない。そこへこの手紙が届いたら，心を閉ざして無視される可能性が高いのではないか。

　勾留４日目であり，多少時間的余裕はある。被害者に送るファーストコンタクトの手紙であれば，まず安心を与え，そして「被害弁償の話だけでも聞いてみようか。」という気持ちにさせる文面でなければならない。

POINT 1

☑ 宛先住所は書かない方がよいのでは？

　民事事件では相手方の住所を手紙の本文に記載することが多い。普通郵便で
あれば，どちらでもよいであろう。しかし被害者宛の手紙は，記載しない方が
よい。それは，被害者情報は特に慎重に扱うべき，という点からである。

　手紙を出した控えを自分の手控えに挟み，それを被疑者・被告人との接見に
おいてパラパラめくっているうちに，被疑者がその住所を目にすることを想定
しよう。多くの被疑者・被告人は身柄を拘束されて情報が遮断されているので，
様々な情報に敏感になっている。私たちは仕事で多くの情報（氏名や住所，電
話番号など）を扱うので，一つ一つを覚えることはない。しかし被疑者・被告
人にとっては唯一の情報である。特に性犯罪であれば被害者に強い関心を持っ
ている被疑者・被告人もいる。被害者の情報を，一瞬でも目に触れさせるのは
避けるべきである。印刷された住所などは，一瞬にして読み取られる。

　また，後日公判廷で，被害者との間で示談をしようとしたことの報告書を裁
判所に証拠提出するというときにも，その証拠となる手紙に被害者の住所など
が記載されているとこれをマスキングする必要も生じうる。そんなことに気を
配るくらいなら，最初から記載しない方が安全である。

POINT 2

☑ 宛名の大きさ

　細かいことである。相手の名前の大きさ（字の間のスペースや割付）も気を
付けよう。「弁護士　学　陽　太　郎」は大きいのに被害者の名前が小さいの
は，いかにも尊大に見える。弁護士に悪意はないだろう。ただ，受け取る被害
者目線で考えると，こういうことまで気を付けるべきであろう。

POINT 3

☑ 手紙のタイトルは？

　弁護人に就任したことをお知らせするという点で，受任通知にならって「通知書」としたのかもしれない。しかし，穏当ではない。「ご連絡」程度でよいだろう。前・お題1「民事の書面」（売掛金の支払いを督促する手紙）で検討したことと対比して欲しい。とにかく初回の手紙は柔らかく，警戒心を解く方向で。

POINT 4

☑ 頭語，時候の挨拶はどうしよう？

　さすがに時候の挨拶を書こうということは言わない。また，「時下益々ご清祥のこととお慶び申し上げます。」も書くべきではない。犯罪被害に遭っている被害者に対し，「益々ご清祥」と「お慶び申し上げ」たら，この時点でこの手紙は破り捨てられるかもしれない。この点は自分では書くつもりがなくても，テンプレートなどで自動的に挿入される場合があるので，注意しよう。

　では，「拝啓」などの頭語を書くべきだろうか。ちなみにお悔やみを伝える手紙では頭語は書くべきではなく，いきなり「この度は突然の訃報に接し……」とすべきとされている。弁護人が送る手紙はお悔やみに近いものの，被害者と面識がなく近しい間柄でもないのだからお悔やみの手紙として出すべきではない。

　「前略」という表現がある。被害者に対する手紙として，これらを使われている方もいるだろう。前略にすると，その後の挨拶文「時下益々〜」を違和感なく省略できる。

　ただ初回の手紙で「前略」は略式すぎて，被害者に一瞬不快な思いをさせないだろうか。「冠省」はちょっと珍しいのでこっちにしよう，という気持ちもある。が，本質的には「前略」と同じである。

　結局「拝啓」「謹啓」などはつけておく方が無難であると思う。マナー違反なのかどうかはわからない。ただ，正解がないと思われるので，失礼に当たらな

い方をとるべきだろう。

　私の先輩弁護士は，通常のファックス送信文書に「謹啓〜謹白」を使っている。日本語にとてもこだわっており，文章も上手な方である。このファックスを受け取ったときに，その方のこだわりがよく出ているなと思った。

POINT 5

☑「殿」か「様」か，「私」か「当職」か

　殿様論争は前・お題1「民事の書面」（売掛金の支払いを督促する手紙）でも指摘した。被害者に差し出す手紙は，「様」がよいのではないだろうか。「貴殿」と書くとより突き放した感じがする。

　逆に被害者との間では被疑者に「殿」はつけるべきではない。これは被疑者・被告人を卑下するというのではない。弁護人と被疑者は同じ側に立つ，身内に近い関係であるからである。

　当職問題もこれまで指摘したとおりである。この場合は「私」の方がより柔らかく伝わる。

POINT 6

☑やり取りの正確な記載は必要か？

　この記載の内容は正しい。但し，この記載をするのがよいかどうかは別問題である。相手に伝えたいことは何か。「忙しいところ何度も電話をしたのは私です。すみません。」ということか。それとも「検察官に対し『弁護人に連絡先を教えてよい。』と言ったのは被害者であるあなたですよね。何度も電話をしたのに出ないのでやむなく手紙を出しました。悪しからずご了承ください。」という自己を弁護し，更に相手を多少非難するような気持ちであろうか。

　もちろん前者であろう。しかし事実だけが記載された文章でも，置かれた状況によってはこのように非難されていると受け止められることがある。「そんなのは被害妄想であり，そう感じとる被害者に問題がある。」と思うかもしれ

ない。ただ，そんなことを表に出してはならないし，そのようなことを思っていると受け取られる表現をするのもよくない。この手紙の目的が，被害者に安心を与え，示談交渉に気持ちを向けてもらうことにあるのであれば，余計なことは書くべきではない。

　被害者にとってみれば，被疑者・被告人の弁護人は話をしたくない存在だと思う。電話をかけたが折り返しがないのも，やむを得ないだろう。被害者において，弁護人と電話をする義務はない。そこに思いをいたせば，何度か電話を掛けたということを伝える言い方もおのずと決まってくる。

☑ 使う単語のレベルに気を付けよう

　あなたが病気になって病院を受診したとする。自分の病気について医師が説明する際に，聞いたことがない専門用語を使う医師と，わかりやすい言葉に置き換える医師と，どちらに親密感を覚えるだろうか。

　「自分は医学的知識が豊富だから前者。」という人もいるだろうが，通常は後者であろう。我々弁護士に置き換えても，「瑕疵があったのですね。」というのと「見えないところに欠陥があったのですね。」というのとでは，印象が随分違う。

　他方，裁判等では厳密な言葉で定義する必要があるため，専門用語を使わなければならない。

　大事なことは，書面の目的に応じて適切な言葉を使い分けるということである。

　ここでは，「架電した」という言葉が使われている。しかしこれは一般の人は使わない。日常的に使わない言葉が飛び出ると，これはなんだろう，と疑問を持たれ，知らない言葉を「使った」ことで権威的に感じさせることがある。この手紙の目的からすれば，わざわざ「架電した」などと言わなくてもよい。

　今回の添削前の起案例には記載はないが，「被疑者」「勾留」などはどうか。刑事ドラマやワイドショーでは「容疑者」と言っている。また勾留は「身柄を拘束されている」という方が日常的かもしれない。被害者によりわかりやすくと

いう視点で書くなら，これらの日常用語を使うということになろう。

　ただ私は，刑事事件の弁護人として正しい言葉遣いは必要であること，また被害者もこれまで警察からいろいろな説明を受けていると思われるし，この程度の言葉であれば知っている可能性があることから，あえてそのまま使うのがよいと思っている。

POINT 7

☑ 被疑者・被告人情報を出すことに注意しよう

　被疑者がどこで勾留されているかは被疑者の情報である。もちろん被害者も警察や検察官から聞いて知っているかもしれない。ただ弁護人から書面に残るような情報を出す場合は，被疑者らに承諾を得ておくべきであろう。

　この情報を手紙に書くか否かは，いろいろな考え方があると思う。私がこれを残すのは，被害者に対し，被疑者は現在勾留中であるので少なくとも顔を合わせることはありませんよ，という安心を言外に伝えようという趣旨である。

POINT 8

☑ 被害者にとってこの手紙で必要な情報か吟味しよう

　これも，間違ってはいない。ただ，ファーストコンタクトの手紙としてふさわしい内容だろうか。

　例えば，被害者との話が進んで，被害者から「私が示談金を受け取った場合，犯人はどうなるのですか。また示談金を受け取っただけで，被害届を取り下げない場合はどうなりますか。」と質問がされた場合，口頭で説明をしたけれど書面で説明をして欲しい，と求められることがある。そのような場合に，手続についてわかりやすく書けばよい。

　今回の手紙では，被害者にとって不要な情報である。カットしよう。

☑ 弁護人はお詫びをするべきか？

　小さいことかもしれないが，悩ましいテーマではないだろうか。被害者へ謝罪の意を伝えるのに，弁護人の手紙や弁護人の口から「この度は申し訳ありませんでした。」というべきか，という問題である。

　私は数年前まで，弁護士会の新人弁護士を対象とした付添人活動の講師をしていた。そのときにこのテーマを取り上げ，新人弁護士たちに「自分ならどうするか。」ということを質問していた。

　罪を犯したのは被疑者・被告人であって，弁護人ではない，自分は悪くないから謝罪をしない，という意見もあるし，悪い被疑者・被告人の代わりに活動をするのだから謝罪をする，という意見もあった。私もかつて，「被告人に成り代わり，お詫びをいたします。」と手紙で綴っていた。

　受け止める被害者の反応はどうか。人それぞれと言ってよい。

　電話や面談で自己紹介をした後に，「この度は被疑者が大変なご迷惑をおかけいたしまして，大変申し訳ありませんでした。」というと「いや，先生は悪くないでしょう，謝ってもらう義理はない。」とぴしゃっと言われたり，それではと別の事件で自己紹介をした後に本題に入ろうとすると，「まず先に言うべきことがあるのではないですか。」と睨まれたりする。

　この問題に正解はない。最後は自分が納得する方法に依るしかないだろう。私はどうしているか。駆け出しの頃は被疑者・被告人に成り代わって，お詫びをしていた。ただ弁護士が悪くないのに謝るのは却って失礼ではないか，とはいえ，大変な被害に遭われた方になんの言葉もかけないのは失礼であろう，と思い至り，お見舞いの気持ちを言葉にしている。

☑ 大事なことはゆっくり，丁寧に書く

　この手紙で最も重要な部分と思われる。つまり，

① 被疑者が事件を認めていること

② お詫びの意を表明したいこと

③ 示談書と取り下げ書に協力してもらえるか，意見が欲しいこと

を相手に伝えようとしている。ファーストコンタクトの手紙でここまでやるかどうかは置いておく。

再度，添削前の起案例の POINT 8 から 10 を読んで欲しい。被害者にとってあまり重要でない POINT 8 をくどくど述べた割に，最も大事な POINT 9 は一気にまくし立てて急に終わっている。これを読んだ被害者は，「本当に被疑者は反省しているのか，本当に示談をする気があるのか」と感じはしないだろうか。

仮に，この①〜③を伝えたいならば，少なくとも文を分けてきちんと書くのが良い。ここが正念場，相手の協力を得られるか否かの剣が峰，であるならば，丁寧な記述を心がけるべきであろう。丁寧な記述の第一歩は，文章を区切ること。間合いをとること。

それから，「とりあえず」という言葉を不用意に使うべきではない。ある事件の被害者が「加害者の弁護人から失礼な手紙をもらった。」と言って相談にやってきたことがあった。そこに「とりあえず」という言葉が書かれており，読んだ私も驚いたことがあった。

「とりあえず」というのは加害者側の都合のように聞こえ，かつ，投げやりな印象を与える。これを「取り急ぎ」とするだけでだいぶ印象が変わってくる。

POINT 11

☑ 被害者にものを頼む態度かどうか

電話での話もできず，まして面談もできない被害者に対し，示談書や被害届取り下げ書を送っている。被害者からすれば「送り付けられた。」と感じるのであり，非常識な弁護士だとしてトラブルになる可能性がある。示談の提案などは，段階を追って進めるべきである。時間がかかるように見えるが，その方が

最終解決に至りやすい。

　弁護人の要求に対し，被害者は応じる義務はない。そうであれば，何かをお願いするのであればそれなりの礼を尽くすべきであろう。特に示談書の返送を依頼する場合などは，切手を貼った返信用封筒を同封することは必須である。

　ついでに一言。相手が携帯電話の場合で折り返し電話をもらったとする。この場合長くなりそうであれば「折り返しお電話をしましょうか。」と一言かけるとよい。

　被害者は被害に遭ったことの他に，警察や検察庁との連絡，病院や保険会社への連絡，職場や家族への連絡など，かなり電話を使っている。かけ放題などでなければ，通話料はかなりの負担である。そのあたりをさりげなく配慮することで，被害者のあなたに対する印象は少し違ってくる。

☑ 被害者を安心させる一言を

　さて，なぜそもそも被害者に連絡がとれるのかを考えてみる。それは，被害者が会ったことも話したこともないあなたを，弁護士だから信用して連絡先を教えたから，であろう。そうであれば，教えてもらった連絡先は被疑者や被告人，その家族や関係者に伝えないこと，自分限りとすることは当然である。またそのことを被害者にも伝え，安心をしてもらうということは重要である。

　今回は電話でこの点を伝えることはできないので，手紙に一言添えることにした。添削後の起案例では，被害者の情報を検察官経由で入手したこと，この情報を他者に伝えることはないということを，改めて明示している。

☑ 手紙は人柄を表している

　随分被害者に配慮しているのがおわかりいただけたであろうか。中には，被害者におもねっているのではないかと感じる方もいるだろう。

　しかし，それは違う。被害者の心情に思いを馳せ，配慮して丁寧な言動をすることは，被害者におもねって言うなりになることではない。被疑者・被告人

の弁護人であるので，被害者の要求が無理である場合は断ることも必要である。丁寧に接しているからこそ，はっきり結論を言うこともできるし，被害者においても，誠実に対応をしている弁護人が出した結論であれば仕方がない，と同意をしてくれることもある。

　被害者は今回の手紙を受け取り，読んで，この手紙の書き手であるあなたがどんな弁護士なのかを想像する。そして，連絡をとるかとらないかを決めるかもしれない。手紙にあなたの人柄がにじみ出ているのである。ピッチャーで言うならば初球は慎重に投げていこう。

○ **添削後の起案例**

2018 年 3 月 3 日

山 田 花 子 様

〒○○○-○○○○
○○県○○市○○町 1-2-3
学陽法律事務所
弁護士 学 陽 太 郎
ＴＥＬ○○○-○○○-○○○○
ＦＡＸ○○○-○○○-○○○○

ご連絡

拝啓
　私は，先月 18 日に山田様に対し強盗をし，お怪我をさせた被疑者深井海吾の国選弁護人に選任された弁護士です。先日は何度かお電話をいたしまして失礼しました。またこの度お手紙を差し上げます非礼をお許しください。
　この度は大変な事件に遭われましたことを衷心よりお見舞い申し上げます。
　被疑者は現在○○警察署において勾留されております。今回の件につきまして，山田様に大変なご迷惑をおかけしたことを後悔し，反省しております。
　つきましては，一度お目にかかり今後の被害弁償などについてお話し合いをさせていただければと思います。お忙しいところ大変恐縮ですが，一度上記私の事務所までお電話を下さい。
　なお，山田様のご連絡先は担当検察官より教示いただきました。山田様のお許しを得ない限り，連絡先は私限りといたしますので，ご安心ください。
　末筆ながら，山田様の一日も早いご快復をお祈り申し上げます。

敬具

裁判官からひとこと

1 まず，「刑事事件のご経験はありますか？」

　私は，前に牧田弁護士とともに，『民事裁判手続』なる本を執筆したことからもおわかりかと思うが，最近は専ら民事事件を担当している（数年前には家裁で人事訴訟を担当しており，併行して家事調停・家事審判も担当していた。）。そのような私が，刑事事件について弁護士が作成する書面について，どれほどのことが述べられるのか，疑問に思っておられる読者の方も少なからずおられると思う。

　ただ，私も刑事事件の経験がないわけではなく，裁判官任官後，1年目から15年目までのうち，9年間は刑事事件を担当していた（もっとも，刑事事件のみを担当していたのは最初の2年間のみで，その余の7年間は家事事件と少年事件を併行して担当，あるいは，一人支部で民事・刑事・家事・少年の全部を併行して担当していた。）。

　更に，地裁または家裁に在籍しているときは，夜間または休日の令状当番の割り当てがあるため，逮捕・勾留・捜索差押え・保釈，さらに，少年の観護措置といった令状事務を担当していた。但し，おわかりのことと思うが，令状担当事件で弁護人に接することはそれほど多いわけではなく，ましてや，弁護人が被害者その他の関係者に宛てるべく作成した書面（裁判所宛てではない書面）に接することはほとんどない。わずかな例外といえば，保釈の請求があったときには弁護人と面接することが少なからずあり，その際に，罪証を隠滅したり，関係人を畏怖させたりするおそれがないことの裏付けとして，弁護人が関係者に宛てて作成した書面の写しが資料として提出されることもある。あるいはまた，被疑者が逮捕された直後に弁護人が選任された場合には，弁護人から，勾留請求を却下して欲しいとの申入れを受けるとともに，弁護人が被害者に示談

の申入れをした書面の写し等が提出されることがある。

　すでに述べたように，私の経歴に照らすと，刑事事件関係の書面について意見を申し述べるのは，おこがましいところではあるが，牧田弁護士が執筆した内容に対してコメントすることが，約束となっているので，僭越ながら申し述べることとする。

② 刑事事件の被害者に対する手紙を一読して……

　刑事事件の場合，有罪判決を受けるまでは無罪の推定が働くことは，法律の専門家の間では常識であり，専門家でない人たちの中にも，新聞報道等でそのような理論があること自体は理解している人も，最近は増えてきているのではないだろうか。そして，弁護人としては，被害者との示談を早期に成立させて，被疑者の刑事責任を軽くすること，あわよくば不起訴処分に持ち込むこと（強盗致傷という事案では困難かもしれないが）を目指す必要がある反面，被疑者の立場を慮って，現段階ではあくまでも有罪と決まったわけではないことをはっきりさせておきたいという気持ちが働くのも無理はないように思われる。

　起案例を閲読して，牧田弁護士が指摘しているとおり，被害者に閲読してもらう書面の記載内容としては，ちょっと首を傾げたくなる部分がある反面，弁護人としては，このようなことも被害者には伝えないわけにはいかないだろうとの判断の下に，悩みに悩んだ上で書き加えることを決断した部分もあるのではないかと思わずにはいられなかった。それだけ，刑事弁護は難しいということなのだろう。

　弁護人はお詫びをするべきかという問題については，新人弁護士たちの意見も分かれていたようであり，中堅ないしベテランの弁護士の間でも，おそらく正解は一つに絞り込めないということで認識が一致しているのではないかと推測しているが，被害者に対する手紙の書き方についても，意見が分かれてもおかしくはないように思う。ただ，一つはっきり言えることは，被害者に対して送付する手紙において，いかなる事項を中心に据えるか，言い換えれば，被害者に宛てて発送する手紙の目的が何かをはっきり定めたのであれば，その目的

にふさわしい手紙の書き方をすべきだということである。

3 弁護人が，被害者の感情を悪化させたらどうなる？

　もし，弁護人が被害者に宛てて発送した手紙が，弁護人の側から情状を立証するために提出されたものの，その手紙の中に，被害者にとって必ずしも喜ばしくない内容が含まれていたような場合には，公判担当裁判官はその事情を，量刑においてどのように反映させることになるのであろうか。

　この点は，裁判官によって考え方が異なってくる可能性があるが，私自身としては，弁護人がやってしまったことを，被告人に不利な要素として取り上げるには，躊躇を覚える。そもそも，刑事責任の有無及びその大小を判断する対象となっているのは被告人であって，弁護人ではない。そして，刑事訴訟手続外における弁護人の弁護活動については，それ自体は被告人の刑事責任の大きさに直結するものではないということがいえるのではないか。

　もっとも，このようなことを書くと，弁護人はどのような弁護活動をしても，場合によっては被害者や他の関係人の怒りを買うような結果を招来しても，被疑者や被告人の刑事責任には影響しないものと理解されてしまうかもしれない。被告人の量刑の問題とは関係なく，そのような事態を招来することは，絶対に避けるべきであり，そのことについてはどなたも異論はないであろう。

　仮に弁護人の「失態」によって被害者の感情が悪化したような場合，裁判官としては，量刑をどのように考えるのであろうか。

　私自身としては，すでに述べたとおり，弁護人の「失態」は被告人自身の責任につながるものではないと考えているが，被害者の心を傷つけた原因が，被告人による犯罪行為であることは間違いなく，そこに条件関係があることは否定し得ない。そのような発想から，弁護人が被害者の感情を害したとしても，そもそも原因を作ったのは被告人であるから，現状の結果についての責任は被告人が負うべきだという考え方もあり得よう。被害者としては，「気持ちを逆なでしたのは弁護人であるけれども，もとはと言えば，被告人が私にあんなことをしなければ，私はこんなに苦しむことはなかったのだ。全ての原因は被告

人にあるのだから，弁護人が気持ちを逆なでしたことによる苦しみの点を含めて，被告人を重く処罰して欲しい。」という被害感情を抱くことも十分考えられる。したがって，弁護人としては，「自分が被害者の宥恕を得ることに失敗しても，被告人に不利益は及ぶことはない。」と高を括ることは，絶対に避けていただきたい。

4　被害者への手紙も，結局は「相手に対する配慮」の問題

　被害者への手紙によって，被害弁償の話に前向きになってもらうよう配慮すべきこと，被害者の情報が被疑者・被告人に伝わる可能性と，被疑者・被告人の情報が被害者に伝わる可能性について注意すべきこと，文字の用い方等にも配慮すべきことといった，牧田弁護士が細かく指摘していることについては，特に裁判官の立場からコメントすることはない。被害者に対して，被害の弁償を実現させ，ひいては被疑者・被告人に対する宥恕の気持ちを引き出すという目的の下になされる弁護活動の一環として，手紙を作成して送付するものであるということを踏まえると，弁護人のすべきこととしては，もっともと思う。

　「被害者にものを頼む態度かどうか」「被害者を安心させる一言の必要性」といった点は，またも繰り返しになるが，手紙には相手がいること，その相手を尊重すべきことが，それらの前提となっている。示談の成立，宥恕を引き出すことに専心するあまり，苦しんでいる人に対する配慮といった，人間としてすべき最低限のマナーを忘れるようなことは，決してしてはならない。

　牧田弁護士は，手紙は人柄を表していると指摘しているが，そのとおりである。そして私は，これに関連して，本編第1章お題1（「売掛金の支払いを督促する手紙」）の「裁判官からひとこと」で，弁護士の手紙は，人柄のみならず，能力もにじみ出てくるところがあると書いたが，刑事事件における手紙についても同じことがいえるのであり（これは断定的なことではなく，推測にすぎないが，むしろ刑事事件の方が，被害者を含めた関係者がシビアになっていることが多いかもしれない。），文章を作成するに当たっては十分な配慮をお願いしたい。

依頼者との
トラブル発生時の書面

　あなたは交通事故の交渉を受任している。依頼者は首，腰の痛みを強く訴えている反面，客観的な所見に乏しく，交渉は難航していた。それでも相手方保険会社との間で金額等の条件がまとまり，示談書を作成することとなった。

　その日の午前中，依頼者に電話で，話し合いがまとまった，これから示談書を取り交わすということを報告したところ，依頼者は，示談書の内容を確認したい，ただ明日から海外旅行へ行くので，すぐにファックスで送って欲しい，明日の朝9時までに返事をする，とのことであった。

　あなたはその日の午後，遠方の裁判所へ出掛けそのまま弁護士会の委員会へ出席する予定であったので，急いで示談書を起案し，依頼者の番号に自分でファックスをしてそのまま出掛けた。

　夕方，事務所の事務員から，「依頼人の方から，示談書のファックスが届かないがどうなっているのか」という電話があったという連絡があった。急いで事務所に戻りファックス送信履歴を見ると，末尾の番号「7」を「1」にして送っていたことが判明した。その番号は依頼者が依頼人カードに手書

きをしたもので、「7」と「1」が紛らわしいといえば紛らわしい字体であった。ただ、これまでは正しく「7」でファックスを送っていた。

あなたは依頼者に報告をした。依頼者は怒りつつ、とにかく急ぐのでファックスを送り直すよう要求した。なお誤送信先の番号は電話もかかるようだが、留守電に切り替わってしまいつながらなかった。

以上を踏まえ、依頼者に対しファックスの送り状を書いてみよう。また他にどのような対処をすべきか、考えてみよう。

POINT 1
時候の挨拶。
いる？ いら
ない？ 消し
忘れ？

2018 年 3 月 3 日

軽 池 賀太郎 様

　　　　　　　　〒○○○ − ○○○○
　　　　　　　　○○県○○市○○町 1 − 2 − 3
　　　　　　　　学陽法律事務所
　　　　　　　　弁 護 士 　学 陽 太 郎
　　　　　　　　ＴＥＬ○○○ − ○○○ − ○○○○
　　　　　　　　ＦＡＸ○○○ − ○○○ − ○○○○

POINT 2
ここでコレを
書く意味は？

　　　　　　ご連絡

拝啓　時下益々ご清祥のこととお慶び申し上げます。

　本日保険会社との間で示談の話がまとまり，その後すぐ軽池
様にご一報をしました。軽池様は，示談書の案を確認したいが
明日から海外へご旅行とのことで，すぐにファックスを送るよ
うお申し付けでございました。私は本日午後遠方の裁判所で弁

POINT 3
読んだ相手は
どう思う？

論準備期日がございましたが，軽池様の事件を迅速に処理すべ
く，直ちに示談書を作成し，ファックスをいたしました。そし
て軽池様にファックスをした際に，軽池様がご記入されました
ファックス番号の数字を読み誤り，「7」とすべきところを「1」
として送信してしまいました。

POINT 4
読んだ相手は
納得するだろ
うか？

　急いでいたとはいえ，また数字が紛らわしかったとはいえ，
私の不注意により，ファックスの誤送信をしてしまいましたこ
と，誠に申し訳ありません。

　改めて示談書の案をお送りいたします。お時間がない中恐縮

POINT 5
この期に及ん
で，この約束
は生きている
のか？

ですが，明日の午前 9 時までにお返事を下さるとのことですの
で，よろしくお願いします。

　　　　　　　　　　　　　　　　　　　　敬具

解説！ 起案添削のPOINT

☑ 普段からトラブルの発生を想定する

　お題を読んで，胃が痛くなった方もいるのではないか。ファックス誤送信は日常的にあり得るトラブルであり，かつ重大な損失をもたらす可能性がある。私にも苦い経験がある。

　ファックス誤送信に限らず，トラブルが発生した場合，まず何をしなければならないのかを考えなければならない。トラブルが発覚した後は誰でも気が動転するし，トラブルは急いで解決しなければならない。そのためその後の行為がずさんだったり，過剰だったり，的外れになったりしがちである。よく考えないで慌ててしまうと，関係者を引っ張り回したりいたずらに不安にさせたりして，より深刻なトラブルに発展してしまう。火事だ，と慌てて水をかけた結果，漏電火災であり感電してしまう，とか，油の火災で油が跳ね上がってかえって燃え広がる，ということである。そして，何をしなければならないかということをじっくり考えている暇はない。トラブルを起こしてしまった，どうしたらよいだろうかと思い悩んで結論が出ず，明日にしよう，ということではまずい。著名な危機管理コンサルタントが書いた本をインターネットで注文して，それを調べてから間違いないよう対処する，ということだとあっという間に2，3日経ってしまう。火事の例であれば言うまでもなく，全焼している。そうなってからでは手の打ちようがない。

　トラブル発生時は，落ち着いて判断し，迅速に行動をする必要がある。

　そんなことを言われてもとっさにはできないよ，というご意見もあるかもしれない。ただ，平時に有事の訓練をすることで，ある程度の対処は可能であろう。学校や職場の避難訓練や，金融機関やコンビニエンスストアの防犯訓練，運転免許取得時の救命講習など，「こんなの役に立つのかね。」と思いながら参加した方もいるかもしれない。しかし訓練をするのとしないのとでは体の動き方は全く違うと思う。

かつて別の場所で事務所を構えていた頃，1階の飲食店が火事になったことがあった。最初は非常ベルがけたたましくなり，よく誤作動するベルであったため「またいつもの誤作動か，仕事中なのにうるさいな。」と思っていたら室内に煙が流れ込んできた。窓から外を見ると，通行人がうちのビルを指さしてみている。まずい，本当の火事だ，全員すぐ退避！　ということになり消防署へ電話をした後，避難した。その途中，消火器を探そうとしたが，あれ，いつも見ていたのにどこだっけ，とわからなくなり，消火器はあきらめて外へ逃げた。消防車が何台もやってくる大騒ぎになったが，幸いボヤで済んだ。やれやれ，仕事に戻ろうかと部屋に入ろうとしたとき，事務所入り口側に大きく立派な消火器を発見した。普段，目にしていても慌てると目に入らなかったのかと思う。

トラブルに対しては，普段からトラブルを回避することも重要であるが，トラブルが発生したときにどう対処すべきかを，頭の中で想定することも重要であろう。

では，胃がちくちくするのを我慢して，対処法を考えてみよう。

☑ まずトラブルかどうかを見極める

トラブルが発生した場合，まず何をすべきか。いきなり「お詫びの手紙」と考えてはいけない。まず事実の確認である。本当にトラブルが発生したのか，ということである。ファックス誤送信であれば，本当に誤送信をしてしまったのか（間違えた番号がファックス番号ではなく，命拾いをした，ということもある。）を確認しなければならない。

不幸にも誤った番号がファックス番号であり，そこに送信が完了してしまった場合，それは誤送信であり，個人情報の漏出というトラブル発生である。その程度の確認であれば，3分はかからない。

ここで重要なのは，トラブルの全容が明らかになるまで待ってはならないということである。今回の例であれば，ファックスは送信されたがまだ連絡がとれないため，どこの誰に送ったかもわからない。送り先がたまたま裁判所であり，誤送信の書面が広く世間に出回る可能性が少ないということもあるだろ

う。しかしその可能性は極めて低い。依頼者に報告をするとしても誰に送ってしまったかがわからないと説明ができないから，それがわかってからにしよう，というのは先延ばしである。

☑ 直ちに一報を入れる

　そしてトラブル発生が間違いないのであれば，次に関係者に一報を入れなければならない。この一報が遅れると，そのこと自体がトラブルになる。このときはまたトラブルの全容も明らかではない。しかし，そのことだけでもまず伝えるべきであろう。

　例えば，その日の午前中にファックス誤送信をし，夕方連絡を入れたとする。「ファックス誤送信をしてしまいました。」「いつですか。」「今朝 10 時頃です。」。そのような報告を聞いて，あなたが依頼者だとしたら納得できるだろうか。

　個人情報を漏出された側からすると，そのこと自体とても不安で怒りを覚えることである。そしてもう一つ。漏出した当の弁護士が，この問題を深刻に考えているか，自分のためにきちんと後処理をしてくれるのか，またはそのような姿勢でいるのか，ということにとても関心を持っている。それを態度で示すのが，即座に一報を入れるということである。半日後に報告があったというのであれば，なんだ，その間他のことをしていたのか，のんびりしていて自覚がないな，と思われても仕方がない。

　そうなるとどうなるか。「いや，誤送信は仕方ないですよ。先生も人間ですからミスすることもあるでしょうし，私も他人ごとではありません。ただ，ミスをして何も連絡がないんですか。」「いや，ですから今ご報告をしているわけでして……。」「半日もほったらかしですか！」。こうなってしまったら，本来の受任業務も危ないだろう。

　これは，こう考えるべきではないだろうか。

　トラブル＝過失＝残念だが人間である以上，仕方がない。

　すぐに報告をしない＝故意＝ひどい，人間性の問題。

過失犯と故意犯の法定刑や情状の違いに思いを至せば，どちらの傷が深いか，私が言うまでもないだろう。

☑一報の入れ方

　さて，直ちに一報を入れるのはわかった，ではどうやって入れるのか。

　電話か，メールか，ファックスか，という問題である。どれにするかちょっと考えて欲しい。また，他の手段がダメな理由も考えて欲しい。

　先ほどから電話で応答している前提で話を進めている。正解は「電話」である。この点でお題3の学陽弁護士の対応は正しい。

　なぜ電話か。一報によりこちらは謝罪をし，それと同時に相手から不満，心配，怒り，苦情を聞くことになる。そしてそれに対し，更にお詫びや対処法をその場で伝えることができる。一般の人であれば，その場では怒ったり不満を述べたりするものの，それが長続きすることはないので，その後冷静に説明をすることができる。しかし怒りの感情を受け止めるのが先になると，その人の中では増幅し，後で直接話をしたときに2倍，3倍に膨れて収束まで長時間かかることになる。むしろ表面上は平静を装っていても，心の中では怒りや不満をため込み，決定的な不信感を持たれてしまうこともある。そうなると，その場で怒鳴られるよりももっと解決困難な事態になる。

　その点，メールやファックスは一方的なツールであるため，一報にはふさわしくない。それにメールやファックスでは，相手の意見がわからないことがある。例えば，次のようなメールを送ったとしよう。

（例3―1）

　軽池様

　お世話様です。実は先ほど，軽池様宛のファックスを誤って第三者に送ってしまいました。

　ご心配をおかけいたしまして大変申し訳ありません。

　取り急ぎご報告いたします。

それで相手から何かしら返事があればよいが，この**例3—1**のメールに対し全く返信がない場合，どうするか。相手が怒っているのか，あきれているのか，気にしていないのか，そもそもメールを見ていないのか，判断しようがない。それではこちらの神経が参ってしまう。

　それにもかかわらず，この手の謝罪をメール一本で片付けている人を見かける。それでなんとも思わないのであれば強心臓であり，ある意味うらやましい。他方，相手との信頼関係は間違いなく壊れていくだろう。

　このように考えると，一報はまず電話ですべきだろう。

　もちろん相手が仕事中などで電話に出られないこともある。その場合はメールやファックスでもやむを得ない（ファックス送信はミスをしないよう，細心の注意を払うべきである）。その中に，必ず後で電話をする旨入れておく。

☑ 一報で何を伝えるか

　では，一報の電話で何を伝えるのがよいか。いつものことだが，なんのために一報をするのか，その目的を考えれば自然と答えは出る。

　まず，トラブルの事実を正確に伝えなければならない。相手にしてみれば想定外のことであるため，何が起きたのかを正確に伝える必要がある。ファックス誤送信なのか，証拠の紛失なのか，控訴期限徒過なのか，など。そしていつ，どこで，何がどうなったかをわかる範囲で伝えなければならない。

　次に謝罪である。自分が行ったにせよ，事務所の事務員が行ったにせよ，お詫びをする。忙しかった，良かれと思ってやった，あなたが書いた字がまずくて読み違えた，など言い訳をしたいことが山ほどあるかもしれない。それを言うかどうかはさておき，一報の謝罪の場で言うべきではないだろう。

　最後に，今後の予定である。どのような手順，時間でこの問題を解決していくのかを示す必要がある。全体の見通しが示せない場合は，いつ頃次の報告をするかを明示すべきであろう。これを示すことで，一報の電話はそれほど長くかからないだろう。相手は，電話口の弁護士に言いたいことはいろいろあるがとにかくリカバリーに動いてもらわなければならないので，今はやめておこう，

という気持ちになる。

　大事な視点は，自分のミスで相手方に本来無用な心配や不満を与えてしまったという気持ちになることである。それを持っていれば自然と謝罪の言葉も出るし，どのようにリカバリーすべきかという展望も出てくるだろう。その気持ちは相手にも誠意として伝わるかもしれない。

　文章術とはやや離れるが，せっかくなので一報の電話応答の例を示そう。

（例3—2）

弁護士　軽池様のお電話でしょうか。

依頼者　はいそうです。

弁護士　弁護士の学陽です。お世話様です。今お時間よろしいでしょうか。

依頼者　いいですよ。

弁護士　実は先ほど，トラブルが発生いたしまして。

依頼者　はい，なんでしょうか。

弁護士　私のミスで，ファックスの送信先を間違えて送ってしまいました。

依頼者　え，どういうこと。

弁護士　番号の末尾を間違えて送信してしまい，それが相手先のファックスに送信されてしまったようです。

依頼者　何を送ったの。

弁護士　示談書です。

依頼者　えー，それは困るよ。

弁護士　大変申し訳ございません。お詫びいたします。

　　（相手からいろいろお叱りを受けるだろうが，それは傾聴すべきであろう。）

依頼者　で，どうするの。

弁護士　現在ファックス送信先の方と連絡をとろうと試みております。連絡がとれましたらご報告いたします。また進展がなくても，本日午

> 後○○時頃，一度お電話でご報告いたします。
>
> **依頼者**　わかりました。とにかくなんとかしてください。
>
> **弁護士**　承知しました。この度は本当に申し訳ありません。後ほど改め
> てお電話いたします。失礼いたします。

それから，相手が電話に出なかったときのためのメールまたはファックスで
の一報の例も示そう。

（例3―3）

　軽池様

　お世話様です。実は先ほど，軽池様宛のファックスを誤って第三者に
送ってしまいました。

　私の不注意によるものです。大変申し訳ありません。深くお詫びいた
します。

　現在，誤送信先と連絡をとるべく試みております。

　先ほど軽池様にお電話をいたしましたのはこのことのご連絡です。

　改めてお電話いたします。

☑ できない約束はしないこと

　一報で謝罪をした，相手の剣幕に驚いて，つい調子のよいことを言ってしま
うということもある。例えば，「誤送信先がわかったら直接先方へ行き，ファッ
クスを取り戻して秘密保持誓約書を取り交わしてきます。」などという類であ
る。

　それができるならパーフェクトである。しかしそれは約束できるのだろうか。
誤送信先が誰かもわからない時点では，無理であろう。その場限りの安心を与
えて切り抜けようとするのは，詐欺であり（「財産的損害があるのか」とか言わ

ない。），先の例では「故意犯」である。

　約束したのにできないとなると，相手はあなたに「裏切られた」「嘘をつかれた」と感じることになる。相手はトラブル発生であなたの言動に敏感になっているので，こちらがつい話したことも相手はきちんと覚えている。

　ファックス誤送信が県内や近県など，番号から明らかにとりに行ける場所であれば誤送信先に赴いてお詫びと回収をすべきである。しかし遠方であればすぐに対応できないかもしれない。まして，誤送信先との間で秘密保持契約を締結するということは，期待してはならない。誤送信先にそんな義務はない。

　できることを正確に伝える，ということも一つの誠意である。

　一報の話はこのあたりにして，次からは起案例を検討してみよう。

☑ この書面の目的はなんだろう？

　この起案例を読んで，まずどう感じただろうか。「多少くどいけれどこれ別に問題ないんじゃない」とか，「自分もこの程度書くだろうな」という方もいるかもしれない。

　軽池さんの事件は，詳細はわからないが痛がる軽池さんと「客観的な医学的証拠がないのでそんな金額無理ですよ。」という保険会社の主張が正面からぶつかり，学陽弁護士は調整に苦労したようである。

　ようやく話がまとまったところで，軽池さんからは明日から海外旅行へ行くのだから，すぐに示談書を送るようにと言われる。こっちは裁判所に行かなければならず，フルパワーで起案してさっと送ったつもりが誤送信。しかも読み間違えた字を紛らわしく書いたのは軽池さん。「旅行へ行くって一体なんなのさ……」と被害妄想のような気分になるかもしれない。

　同情するけれど，それは被害妄想であり，そんなことを主張しても誰も理解してはくれない。そうであれば，書面にもそんな表現を使うべきではないだろう。

　改めて，この書面の目的を考えてみよう。今回のお題は，電話でトラブルの一報を入れ，謝罪をし，相手は怒りつつ，とにかくファックスを送って欲しい，

と言っている場面で送る書面である。

　そうであれば，ファックス送信書という基本路線から外れてはならない。加えるべきは，再度のお詫びの添え書きである。

　しかし，この起案例は誤送信の経過が記載されている。軽池さんはそのような報告を求めていない。この点でこの起案例の大部分は余計な記載である。

☑余計どころか，怒りの発火点がいくつもある

　では，軽池さんが求めていない報告をなぜしているのか。

　それは学陽弁護士が自分のミスについて相手から理解を得るために説明を行ったと考えられる。事実関係について正確に報告することは悪いことではない。ただそれは適切なタイミングでなされなければならないし，言い訳に終始してはならない。これは結構つらいことである。

　今回のように依頼者に対しても一つ二つ言いたいことがあると思って文章を書いていると，意図せずついそれが言葉に出てしまう。それで依頼者が，わかりましたと納得してくれるなら別だが，大概そうはならない。却って感情を害し，収拾がつかなくなることが多いのではないだろうか。

　つらいところだが，早く事態を収束するためにも，言い訳をしないで潔く構える方がよい。そうすれば，軽池さんも，「まあ先生も忙しいでしょうし，私も急かしてしまったのが悪かったです。」と言ってくれるかもしれない。いや，それを期待してはならない。なぜなら，皆さんはプロなのだから。

　その視点で添削前の起案例をご覧いただきたい。あなたが軽池さんであれば，ここは怒るだろうな，というポイントがいくつもあるのではないだろうか。

POINT 1

☑ まず，単純ミスを避けよう

　起案例では，「拝啓　時下益々ご清祥のこととお慶び申し上げます。」で始まっている。個人情報を漏出された被害者からすれば，「なに慶んでいるんだ！」とまず怒るだろう。トラブルを引き起こしてしまった自分からそのような言葉遣いをすることは避けるべきである。いや，そんなことはおわかりかと思う。むしろ慌てて書面を書いて，つい定型文句のまま出してしまった，ということの方が起こり得る。

　恥の上塗りにならないよう，トラブル直後の書面は慎重に出そう。

POINT 2・3

☑ 言い訳や無関係なことは書かない

　POINT 2は，確かにそのような流れである。しかし文章の読み手からは，「自分がファックスを送れと言ったからミスをしたのか。」「悪いのは私だということか。」と反論されそうである。思い込みの激しい人であれば，海外旅行をとがめられている気分になるかもしれない。

　これらはミスに至った経緯であり，ミスの原因ではない。今回の過失は最後の数字ボタンを押し間違えたことであり，数字を読み違えたことである。無関係なことを書くべきではないだろう。

　POINT 3も，今ここで書くべきではない。紛らわしいならばきちんと確認するべきであるし，これまできちんとファックスを送っていたのであれば，今更言うべきではないだろう。

POINT 4

☑ 一生懸命さをアピールしても逆効果

　POINT 4は，「自分はこんなに急いていたけれど，あなたのために一生懸

命やっていました。」ということである。それは相手にどのような効果を与えることになるだろうか。「その結果，かえって迷惑をかけたよね。」と言われるのがおちである。

また，一生懸命やっていたというのは少し冷静にならなければ理解されないことである。相手は，今はまだトラブルのことで平静ではないはずである。謝罪が受け入れられれば，こちらの事情に思いを馳せてくれるときがやってくるはずである。嵐が過ぎるのをじっと待つことも大切である。

POINT 5

☑ 相手の立場に立って考えよう

依頼者から提案のあった，明日の午前9時までに返事をくれるという約束はまだ守られるのであろうか。

この点は先の電話で確認をするべきであった。それを忘れてしまった場合，断定的に書くべきではない。こちらの不手際で依頼者の時間を奪ってしまったのであるから，この点は一旦白紙と考えるべきではないだろうか。交通事故の示談書であれば検討して返事をするのにそれほど時間はかからないとしても，書面ではそれなりに配慮すべきである。「とのことですので」など，この期に及んで決めつけるのは危険である。「はい，明日の午前9時までにと言いましたよ。先生が送信ミスをしなければ。」とまた反論されることになる。

☑ 怒りの発火点を避ける理由

ここでまとめを兼ねて，なぜ，怒りの発火点を避けるべきなのか，考えてみよう。

自分に同じことが起こったときのことを考えてみる。怒りの感情を持続し続けるのは，結構大変ではないだろうか。楽しいことやうれしいことは2，3日続いたとしても，一つのことに一日中怒り続けるのはエネルギーがいる。刑事事件の被害者と話をしていても，どんなに被害感情が強くても一般人であれば，

怒鳴っているのは5分もない。ひとしきり感情を放出することで，だんだん収束していく。だから怒りの発火点は一つでよい。その一つは，ミスそのものである。

それを考えず，下手に言い訳をしたり理解を求めたりするので，収まりかけた怒りが再度頂点に達する。怒りの発火点が一つであれば一つの放物線で済んだのに，怒りの発火点が5個あると，のこぎりの歯のようにいつまでも高いレベルで相手を怒らせることになる。それでは収束のしようがない。

相手の怒りをいち早く解き，本来の関係に戻るということが命題であれば，怒りの発火点は少ない方がよい。そのため，言葉遣いや文章は，相手の気持ちになって誤解を与えないか，最大限の注意が必要となる。

☑ この他の書面

お題3では，他にどのような対処をすべきか，という問いを投げかけた。

今回の問題では，誤送信先に送るファックスも考えなくてはならない。

誤送信先にはなかなか電話に出てもらえない。このときどのような状況であるか，今度は誤送信先の立場で考えてみる。

なんかへんなファックスが来たぞ，心当たりがないので，この弁護士が送り間違えたんだろう。関係ないからほっておこう，ということかもしれない。また，「心当たりのない弁護士」＝新手のファックス詐欺（？）で，気味悪がって無視されているかもしれない（おれおれ詐欺では「取り合わない」というのが鉄則であった。）。電話に出ないのであれば，再度ファックスを送って誤解を解いて，お詫びや回収に行くべきである。

また，トラブルが発生した場合，のちに苦情や懲戒請求，損害賠償訴訟に発展するおそれもある。これらに備えることや，依頼者に対して説明義務を果たすという点で，顛末書や報告書を作成すべきであろう。これは電話の履歴やファックスの履歴などから，できるだけ客観的な時間を特定しておくべきである。時間がたてばたつほど記憶が薄れ，後で問題になったときに解決できなくなる。自分が勤務弁護士であれば上司の指示に従って書くべきである。

被害者となった依頼者たちには，本件について改めて書面で報告をすることを希望するかしないかを尋ね，希望するならば送る（内容を変えずに表現を変える。）し，そこまでは求めない（きちんと謝罪ができればたいていそのように言ってもらえる。）というのであればそれで解決となる。

　添削後の起案例に，これらも載せておこう。

2018 年 3 月 3 日

軽　池　賀太郎　様

〒○○○ − ○○○○
○○県○○市○○町 1 − 2 − 3
学陽法律事務所
弁護士　学　陽　太　郎
ＴＥＬ○○○ − ○○○ − ○○○○
ＦＡＸ○○○ − ○○○ − ○○○○

ご連絡

前略
　先ほどはお電話で失礼いたしました。
　この度は私の不手際で軽池様には大変なご迷惑をおかけいたしました。
　保険会社との示談書案をお送りいたします。お時間のない中大変恐縮
ですが，ご検討いただき，お返事をくださいますようお願い申し上げます。
　ファックス誤送信の件につきましては，改めてご報告いたします。
　取り急ぎ，送信いたします。

草々

● 誤送信先へのファックス

2018年3月3日

ファックス番号
○○○－○○○○－○○○○の方

〒○○○－○○○○
○○県○○市○○町１－２－３
学陽法律事務所
弁護士　学　陽　太　郎
ＴＥＬ○○○－○○○－○○○○
ＦＡＸ○○○－○○○－○○○○

ご連絡（ファックス誤送信のお詫び）

前略
　突然のご連絡で大変恐縮です。
　私は上記事務所で弁護士をしております学陽太郎と申します。
　本日午前○時○○分，お宅様に誤ってファックスをお送りしてしまいました。
　ご不快な思いをさせてしまい，大変申し訳ありません。
　同じ番号に何度かお電話をいたしましたのはこの件でございます。
　改めてお詫びをさせていただきたく，本書をご覧になりましたら，一度当事務所までお電話をくださいますと大変助かります。また誤送信のファックスはとりに参りますので，そのまま保管をお願いいたします。
　本日午後10時まで事務所で待機いたします。もしそれ以降のお時間でしたら，留守電に入れていただければ翌日おかけいたします。
　大変ご迷惑をおかけいたしまして申し訳ありません。何卒よろしくお願いいたします。

草々

2018 年 3 月 4 日

ファックス誤送信の顚末書

弁護士　学　陽　太　郎

　2018 年 3 月 3 日に発生した，ファックス誤送信に関し，次のとおり顚末を記す。

記

1　事件発生の経緯
　(1)　2018 年 3 月 3 日午前 10 時 23 分
　　　依頼者と電話で事件の報告をする。その際，示談書案を作成し，同日中にファックスで送信することを約束する。
　(2)　同日午前 11 時 30 分
　　　示談書案が完成
　(3)　同日午前 11 時 34 分
　　　ファックス送信
　　　このとき，○○○−○○○○−○○○7 とすべきところ，末尾を 1 にして送信した。
　(4)　同日午前 12 時 10 分
　　　事務所を出て裁判所へ向かう。
　(5)　同日午後 4 時 30 分
　　　依頼者より，ファックスが届いていないとのご連絡を受ける。
　　　その直後，事務局から当職宛に連絡をした。
　(6)　同日午後 5 時 25 分
　　　事務所に帰着。ファックス送信履歴を調べたところ，誤送信であることを確認した。依頼者に当職から架電し，お詫びをする。
　(7)　同日午後 5 時 30 分〜午後 8 時まで
　　　ファックス番号先に数回架電をするものの，留守番電話に切り替わって相手先と電話が通じない。

(8) 同日午後8時

　　依頼者に定時報告をする。次の定時報告を午後10時にし，その後は翌日とする。

　　ファックス誤送信先に，添付の書面〔P. 131 参照〕を再度ファックスした。

(9) 同日午後9時38分

　　ファックス誤送信先から受電。折り返し架電する。

　　相手先は個人の自宅。誤送信のお詫びをし，早急に回収に伺いたい旨を伝えたところ，明日の午前8時であればよいとのこと。

　　その時間にお邪魔すること，誤送信のファックスはそのまま保管していただくことをお願いし，了承を得る。

(10) 同日午後9時45分

　　依頼者に上記を電話で報告する。翌日回収したら結果のみファックスするようご指示をいただく。

(11) 2018年3月4日午前8時

　　誤送信先のご自宅へ伺い，謝罪と回収を行う。なお，ファックスは受け取ってそのままであり，その後どこにも漏出していない，写真やコピーなどをとることもなかったとのこと。

(12) 2018年3月4日午前9時45分

　　事務所に戻り，依頼者に添付のファックス〔略〕で報告する。

　　誤送信のファックスは，ファイルに編綴した。

2　事件発生の原因と再発防止策

　　今回は，短い時間で事件を処理しようとし，慌てたことにより依頼者カードに記載されたファックス番号の数字を読み間違えたことが原因である。

　　判別に迷う数字は，平素より依頼者に確認の上，明確な数字に書き換えておく。

　　時間がない場合は，事務局にファックス番号の確認やファックスの送信を依頼するなど，番号を確認しながら落ち着いて送信する。

以上

お題 **3** について

裁判官からひとこと

1 「有事」への備えはとても大切である―再論

　私は，すでに前著『民事裁判手続』において，有事に備えることの大切さについて触れた（同書232頁以下）。「こんなことに備えても，事故なんて起きやしないよ。時間の無駄なのになあ……」とボソボソ呟きながら避難訓練をした覚えのある方は，「普段からトラブルの発生を想定する」ことは大事であることを改めて認識していただきたい。「どうせ大丈夫だろう。」の心構えを持ってはいけないのである。

2 「トラブルかどうかを見極める」前に，大切なことは

　まずトラブルかどうかを見極める，すなわち，事実の確認をすること。これは何か困ったことに直面した場合に，必ず言われることである。

　ところが，「言うは易く行うは難し」である。困難に直面すると，冷静に対処できない状況に陥りやすい。

　もっとも，よほど図太いというか，はたまた鈍感というか，通常の感覚であれば困ったと思う事態に直面しても，何も感じない人がこの世には存在するのであって（牧田弁護士も，その点について触れている。），私も訴訟当事者本人と話をして，「この人，こんな紛争に直面していながら悠然と構えているけれど，一体どういう神経の持ち主なんだろう……」と唖然としたことがあった（もちろん，そんなに頻繁なことではない。）。しかし，大半の人は，そのような神経の持ち主ではないであろう。

　通常は，困った事態に直面すると（あくまでも困り具合，すなわち程度にもよるが），冷静ではいられなくなる。何が現実に起こっているのかを確認する

ことに頭が回らず，とにかく，その場をどうやってしのげばよいのかということばかりが先に立ってしまい，思い込みの下に，慌てた行動をとってしまいかねない。

「まずは落ち着こう。」

3 直接の会話を，そして誠意を

「直ちに第一報を，それも電話で」とのアドバイスは，大いに賛同できるところである。

第一報で何を伝えるか，それは当然，起こった出来事を正確にということになる。そしてここでも，まずは落ち着いて話すことが重要になってくる。事実を正確に確認することができたにもかかわらず，相手に口頭で話をするときについつい慌ててしまったり，相手に申し訳ないという気持ちが先だってしまったりすると，頭の中では正確に把握している情報を，相手に対して正確に伝えることができず，相手に誤った認識を持たせてしまうこともあり得るのであって，それまでの苦労が台無しになってしまう（そうはいっても，決して，取り返しがつかなくなると決まったわけではないが。）。

それから，一報を入れる際には，事実を正確に伝えるとともに，相手方に対して誠意を見せることも，重要である。その点については今更説明するまでもなかろう。牧田弁護士の主論も，当然そのことは踏まえていると思われる。

メールという情報伝達手段が広まっている昨今において，口頭で情報を伝えるケースが減っていることは明らかであるが，そのような社会状況にあるからこそ，直接口頭で会話をすることのインパクトは，意外に強いものがあるように感じられるこの頃である。直接話をするのではなく，メールという方法を用いる風潮がごく一般的になってきたことによって，口頭による伝達という方法を用いることで，相手に誠意が伝わりやすい世の中になったということがいえるようにも思う。

そうはいっても，「口頭で話せば簡単に事が解決する」と安易に考えてはいけないことは，言うまでもない。特に，口頭で話す場合に注意すべきことは，

口頭による情報の伝達は言わば「生放送」となっているので，「撮り直し」ができないということである。ドラマの台本のようなものを用意しろとまでは言わないが，相手に伝えるべきことをくまなく拾い上げること，そして，話す内容の順番もよく考えておくことが必要である。

　私は訴訟手続に関しても，期日において双方の当事者に伝えるべきことを，あらかじめ手控えに列挙しておくようにしている。このような方法を用いることにより，最低限伝えるべきことの一部を漏らすような事態は回避できると思う。

４ 相手の存在を意識すべし―再論

　口頭で伝えるにせよ，書面で伝えるにせよ，注意すべき点として，自分を弁護するような文言を前面に出すようなことは避けたい。牧田弁護士が「言い訳や無関係なことは書かない」「一生懸命さをアピールしても逆効果」と論じている部分は，そのような趣旨も含んでいるものと理解している。

　「相手の立場に立って考えよう」。これは，私が第１編第２章の「裁判官からひとこと」ですでに触れたことと関係する。「相手の存在を意識せよ」「文章の作成とは読む相手がいることを前提とする行為」「相手を尊重する気持ちを持って」などと同じような趣旨のことを，言葉を替えながら繰り返したのは，相手の立場を思いやることが極めて重要であることを力説したかったからに外ならない。その点について，ここでも改めて力説させていただく。

　己のミスを相手に伝えて誤り，許してもらおうと目論んでいたところ，伝え方が悪かったが故に，「火に油を注ぐ」ような事態を招くことは，訴訟事件においてもよく見られることである（特に，交通事故の加害者が，被害者を怒らせてしまったというケースは少なからずあり，弁護士の皆さんも，依頼者からそのような不満をぶつけられたことがあるのではないか。）。ミスをした者，あるいは「加害者」という者は，どうしても弱い立場に置かれている。ただ，そのことを踏まえても，相手を怒らせるような事態は，気を付ければ大抵の場合は回避することが可能である（被害者の側に問題があるケースもないとはいえないが。）。とにかく，慎重な対処をお願いしたい。

お題

4

依頼者に対し事件の
辞任をするための書面

あなたは建物明渡請求事件の被告代理人である。

この土地はもともと依頼者（被告）の兄の所有であり，兄
は父に土地を無償で貸して父が建物を建てて，父が住んでい
た。父が5年前に死亡し，全ての財産を兄に贈与するという
公正証書遺言があった。土地の評価は更地で2000万円ほど，
建物は固定資産評価証明価格で200万円ほどであり，他に
800万円の預貯金があった。相続人は依頼者，依頼者の母，
依頼者の兄の3名であり，依頼者は父が死んだ後，数か月後
に兄から遺留分として現金500万円を受け取っている。そ
の後，依頼者が合いカギを使って建物に住むようになった。

依頼者は，兄から建物明渡請求事件の訴訟を起こされたと
して法テラスの相談を申し込み，あなたが相談を担当した。
あなたは，請求が認められる可能性が高いので，兄から，明
渡しの期限を先にしてもらうことや，引っ越し費用や不用品
の処分費用などを負担してもらうなどの和解をする程度しか
できないと思うと説明したところ，依頼者はそれでも良いか
ら引き受けて欲しいと述べたため，民事法律扶助により受任
した。

第1回期日において，あなたは上記方針で和解を求めたところ，原告代理人から，早急に建物から退去して欲しい，実は隣りにある福祉施設がこの土地を購入したいと希望しているので，来月までに退去してくれるなら引っ越し費用や移転先の契約金も出す，と言われた。

　あなたは良い条件だと思い，このことを依頼者に説明し，来月までに退去できないかと提案したところ，依頼者は翻意し，「家は自分のものだ，父は生前お前に家をやると言っていた。」などと述べた。
　あなたが，「そういう口頭での約束は認められにくいと思うし，お父さんの公正証書遺言はそうなっていない。」と述べると，依頼者は，「当時父はボケていたので遺言は無効である。」と述べた。
　あなたが，「遺留分を受け取っているのではないか。」と指摘すると，依頼者は，「あれは兄がその日家に押しかけてきてハンコを押すように言われたからよく見ないで押した。とにかく父はボケていた。母に聞いて欲しい。」と食い下がった。

　依頼者の母は兄と同居しているため，あなたが原告代理人にそのことを確認したところ，母は要介護2であるが認知症と診断され，現在自宅で兄とその妻が面倒を見ているとのことであった。
　あなたがそのことを依頼者に報告すると，依頼者は，「母にも遺留分があるはずだ，それなのに兄が財産を独り占めするのはおかしい，あの家は確かに自分がもらったし，兄も，あそこにずっと住んでいてよいと葬式の席で言った，そのこ

とは親戚全員が知っている，親戚全員を裁判の証人に出して
欲しい。」などと主張した。そしてあなたは，それは難しい
のではないかと述べたところ，先生は自分の味方ではないの
か，兄の回し者なのか，などと悪態をつき，その後連日電話
をしても応答がなく，連絡がとれなくなった。

　第2回期日は3週間後に迫っているため，あなたはやむを
得ず辞任をすることとした。

　以上を踏まえ，依頼者に対しどんな書面を送ったらよいだ
ろうか。また，辞任をするにあたり何に気を付けるべきかも
考えてみよう。

添削前の起案例①

20○○年3月1日

本 戸 駒 太 様

〒○○○-○○○○
○○県○○市○○町1-2-3
学陽法律事務所
弁護士 学 陽 太 郎
TEL○○○-○○○-○○○○
FAX○○○-○○○-○○○○

辞任予告書

前略　お世話様です。

　ご依頼いただいております○○地方裁判所民事第○部の建物明渡請求事件（○○年（ワ）第○○号）につきまして，当職から度々お電話を差し上げておりますが，つながりません。

　このままですと事件処理に困難を来しますので，本書をお受け取りの後，10日たってもご連絡がない場合は辞任いたします。

　早急にお電話ください。

草々

POINT 1

この「辞任予告書」は，この件で通用するか？

添削前の起案例②

20○○年3月14日

本 戸 駒 太 様

〒○○○－○○○○

○○県○○市○○町1－2－3

学陽法律事務所

弁護士 学 陽 太 郎

TEL○○○－○○○－○○○○

FAX○○○－○○○－○○○○

辞任通知書

POINT 2
「辞任通知書」
で辞任の詳細
な理由を書
く？

　当職は20○○年2月6日に法テラス経由で貴殿からご相談を受けました。貴殿は○○地方裁判所から建物明渡事件の被告にされているということでお困りでした。当職は貴殿からご事情を伺い，訴訟記録を検討した上で，本件については貴殿が勝訴する見込みはないため，いずれにしても退去しなければならない，ただ一般論として原告も強制執行で明渡しをするのは手間であることから，早期に明渡しをすることや，自発的に退去することで引っ越し費用や不用品の処分費用を原告に負担してもらうという和解はあり得ると説明したところ，貴殿は了承されましたので，民事法律扶助を使って事件を受任しました。

　その後20○○年2月21日に第1回口頭弁論期日に出頭し，当職が和解を申し入れたところ，原告は，3月までに退去できるのであれば引っ越し費用や残置物処分費用の他に移転先の契約金も出すということでした。これは貴殿にとって悪くない条件ですので，翌日このことをお伝えしたところ，貴殿は態度を翻し，家は自分のものだ，あの家はそもそも自分が父からもらったものである，などとおっしゃいました。当職が，口頭の合意は認められにくいし，公正証書遺言にはそのように記載されていないと述べると，貴殿は，父は当時ボケていたので遺言は無

効であると述べました。当職が，原告との間で遺留分を受け取り，合意が成立しているのではないですかと尋ねたところ，貴殿は，あれは兄がその日家に押しかけてきてハンコを押すように言われたからよく見ないで押したと述べました。また母に経緯を確認をして欲しい，とご希望されました。

　同月26日，当職は原告代理人に確認をしたところ，お母様は要介護2で認知症と診断されているとのことでしたので，同日貴殿にこのことをお伝えしてお母様からご事情を伺うのは難しいのではないかと述べたところ，貴殿は，母にも遺留分があるのに兄が独り占めをするのはおかしい，とか，兄との間で家に住んでいてもよいと言われた，とか，兄は父の葬式のとき，この家は弟が住んでいてよいと親戚の前で言っていた，親戚全員を裁判の証人に出して欲しい，などと主張されました。当職から，ご親戚の証人尋問などは難しいのではないでしょうかとお伝えしたところ，貴殿は当職に対し，先生は自分の味方ではないのか，兄の回し者なのか，などと悪態をつかれ，そのまま電話を切られました。

　その後当職からなんどかお電話を差し上げましたが応答がございません。また同年3月1日には，10日たってもご連絡をいただけない場合は辞任する旨のお手紙を差し上げましたが，本日までご連絡はありませんでした。

　次回の裁判は20○○年3月28日午前10時に予定されております。上記のとおり貴殿の最初のご説明と現在のご説明は大きく変遷しており，当職としては何を信じて裁判を進めていけばよいのかわかりません。貴殿との信頼関係はもはや構築できないと考えますので，予告どおり本日辞任いたしましたので，本書をもって通知いたします。

POINT **3**

感情的な文面
で大丈夫？

起案添削のPOINT

☑「辞任」とはなんだろう？

　お題4をお読みになった皆さんの中には，このような依頼者を担当したことがあるかもしれない。当初は明渡しを承諾していたにもかかわらず，いざ土地がお金になるということを知ると前言を翻し，いろいろな言い訳をつけて明渡しを拒んでいる。しかもその理由が相互に整合せず，つっこみどころ満載。一読しただけで，「信頼関係はない，辞任やむなし。」と思ったかもしれない。この先本戸さんの相手をすることは大変なエネルギーが必要だろうし，精神的にも疲弊しそうである。今後本戸さんがこちらの言うことに耳を傾けてくれるかどうかもわからない。スパッと辞任して別の仕事に注力した方がよさそうだ。

　しかしちょっと待って欲しい。辞任は「信頼関係がなくなった。」というだけでできるのか。弁護士と依頼者はそんなに簡単にお別れできるのだろうか。

　まず，弁護士と依頼者との関係を簡単に確認しよう。

　弁護士と依頼者との関係は，委任契約である。従って，辞任をするにしても委任の規定に注意をしなければならない。また皆さんがそれぞれ依頼者と取り交わした委任契約書に拘束される。時々，自分がサインをした委任契約書と異なる報酬を請求したり，事件処理をしたりしている弁護士がいる。「うちの契約書は日弁連のひな形をそのまま使っているので，疑義があるときは日弁連に聞いてくれ。」などという気持ちなのかもしれない。いうまでもなく，そんな言い訳は通用せず，自分の顔に泥を塗るだけである。委任契約書を作成するに当たっては十分注意をすべきことは前著『民事裁判手続』で触れた（同書31頁以下）。辞任に当たっても，再度自分の契約書をきちんと確認すべきであるし，ひな形に問題があるのであればあらかじめ自分で作成をしておくべきである。

　このお題4では民事法律扶助制度を利用して事件を受任している。報酬を立て替え払いしているのは日本司法支援センターであり，同センターと弁護士と依頼者との三者契約となっている。民事法律扶助では依頼者と弁護士が勝手に

委任契約を解消することはできず，あらかじめ同センターに辞任の申し出をし，その承認が必要となる（代理援助契約書9条）。

更に，弁護士職務基本規程において，辞任に言及している箇所がある。すなわち「弁護士は，受任した事件について，依頼者との間に信頼関係が失われ，かつ，その回復が困難なときは，その旨を説明し，辞任その他の事案に応じた適切な措置を採らなければならない。」（同43条）のである。これに反した辞任は，後日依頼者から懲戒請求をされたときに認められてしまう可能性が高い。

いかがだろうか。直観的に「信頼関係喪失＝辞任」と思われる事案であっても，じっくり考えて慎重に事を進めないと危ない，ということである。

☑ 辞任のための要件

では，どのような場合に，弁護士は信頼関係喪失を理由に辞任をすることができるだろうか。換言すれば，辞任はいつでもできるが（「辞めます！」と言えば辞任の意思は明確であろう。），後に問題を残さないようにするためにはどうしたらよいか，ということである。

まず，依頼者との信頼関係回復に努めなければならない。弁護士は委任契約に基づく善管注意義務として依頼者に説明義務を負っている（民法644条）。また依頼者に対し，事件処理に関する報告義務を負っている（民法645条）。弁護士職務基本規程43条も辞任の要件を「信頼関係が失われ，かつその回復が困難なときは」としている。

信頼関係が壊れかかっているというのは，多くの場合お互いの誤解である。弁護士ができることは事件の現状や見通しをきちんと説明し，誤解を解くということになろう。それを尽くさないで，この依頼者とはもうだめだとあきらめて軽々しく「信頼関係喪失」と決めつけてはならない。特に依頼者の中にはその場その場の気分で態度を変える人がいるので，一度のやり取りで即辞任という結論を出さない方がよい。

次に，辞任をする場合，その時期に気を付けなければならない。例えば，相手方に不利な時期に辞任をした場合，やむを得ないときを除き相手の損害を賠

償しなければならない（民法651条）。弁護士職務基本規程も，単なる辞任だけでなく，その他の「事案に応じた適切な措置を採らなければならない。」と定めている（同43条）。

また，前記のとおり民事法律扶助の場合，日本司法支援センターに対しあらかじめ報告書を提出し，辞任の承認を求めなければならない。細かいところであるが，辞任は通常依頼者と仲違いをして事件を終了するのであるから，こちらに何か問題があれば後々依頼者から追及されることになりかねない。手続に遺漏ないよう進めたい。

☑ 今回の辞任理由はなんだろう？

さて，以上の注意喚起をした上で，お題4を再度見てみよう。

あなたが依頼を受けたのは，建物明渡事件の被告訴訟代理人である。そしてその中で，明渡しの時期や方法について，なるべく依頼者の負担が少ないように行うという方向性が依頼者との間で確認されている。これが「委任の本旨」になると思われる。本件では，その委任の本旨について重大な変化が生じている。その原因が，依頼者のわがままということであれば依頼者から信頼関係を損なうような態度をとった，と考えることもできる。しかし，依頼者が後に（懲戒請求や損害賠償請求に発展してしまったときに）そのようなことを認めるだろうか。「そんなことは言っていない。」とか「きちんと説明をされればわかったのに説明がなかった。」などと言い逃れをされてしまう可能性がある。方針の変更，というだけで辞任することは危険ではないだろうか。

本件では，重大な方針変更が示され，協議の必要が生じたが連絡がとれない，という点を辞任の理由とすべきではないだろうか。

逆に，依頼者から弁護士に対し，連日連絡や面会を求め，それが度を過ぎて仕事が妨げられるということもある。程度にもよるが，深刻な業務妨害であれば信頼関係が損なわれたというべきであり，辞任が認められる可能性が高い。

では，本戸さんときちんと連絡がとれて，方針変更について話し合いができた場合はどうなるだろうか。弁護士が敗訴のリスクを含めてもなお納得しない

場合，本戸さんの方から「他の弁護士にしたい。」ということになるかもしれない。その場合は委任契約を合意解約すればよい（民事法律扶助についてはあらかじめ日本司法支援センターの承認が必要となる。）。本戸さんがそれでもいいから判決で，というのであれば弁護士は方針変更を受け，進めるべきであろう。ただ，そのようなリスクについて承知するという書面をとった上で，事件を遂行すべきであろう。

POINT 1・2

☑ 辞任通知の前に，まず説明する書面を出す

ここで，添削前の起案例を見ていただきたい。これまでの話の流れから，起案例の辞任通知書の出来不出来の前に，まず依頼者との信頼関係回復に努めるような書面がなければならないことはおわかりかと思う。この点で，起案例は順番が逆なのではないだろうか。

電話で連絡→つながらない→手紙で説得→応答がない→もはや信頼関係回復は不可能＝辞任という流れであれば，辞任とともに詳細な理由を書かれては，依頼者に「不意打ちだ」と思わせることになる。その前に電話で話をしたでしょう，と言っても，敵対する依頼者は，そんな話は聞いていない，となる。きちんと説明をし，その上で連絡がないからやむを得ず辞任，という流れであれば，後に懲戒請求や損害賠償手続に至ったときも，綱紀委員や裁判官から「この弁護士はきちんと説明をしようと頑張ったけれど，依頼者がこれを無視していたのであるから仕方がないな。」との心証を持ってもらえると思う。

POINT 3

☑ 依頼者に説明をする書面は，簡潔かつ感情を排する

起案例の辞任通知書は，辞任の理由を書き記したと思われる。これを第三者が読めば，弁護士が，いかに依頼者に振り回されて苦労したか，という気持ちでいることは伝わる。しかし依頼者がこれを読んでも，この事実自体を否定し

たり，感情を害したりするのではないだろうか。感情的な相手に感情的に対応すると，火に油を注ぐことになる。

　ここでも，依頼者を刺激しないような，冷静な書面が求められる。方針について依頼者に説明をする書面においても，依頼者の主張を分析し，それに対する見立てを冷静に書き記せばよい。そして大事なのは，依頼者の言い分をはなから「おかしい」と切って捨ててはならないことである。依頼者のどんな言い分であれ，まず一度はきちんと聞いて理解をするのが我々の務めである。そしてそれが法的に認められないのか，証拠が伴わなくて認められないのか，認められても結論が変わらないのか等を助言するのが法律家としての使命である。

　起案例②では，依頼者の話が変遷していることを問題視している記述がある。感情的になると，「貴殿のご説明は原告が土地代金を手にすると知ったときから大きく変遷し，しかもその変遷に合理的な理由は認められません。」などと書いてしまうかもしれない。ここまで来ると，自白から否認に転じた刑事被疑者・被告人を非難する論告である。頭に血が上った状態での起案は慎もう。

☑ 善後策は十分か？

　本件では辞任まで2週間ほどある。日本司法支援センターには辞任承認を急いでもらうのと同時に，裁判所には辞任予定であることを伝えれば，依頼者は他の弁護士に相談に行くこともできるし，裁判に自分で出頭することもできる。また裁判所に次回延期をして欲しいと相談することもできるだろう。

　この期日が切迫していた場合はどうなるか。期日が明日，という場合はどうだろう。長丁場の事件であれば，辞任をして期日は追って指定ということでよいと思う。しかしこのお題4のように，辞任すればすぐ終結，判決となる場合，例えば辞任予定であることを理由に期日変更をすべきだろうか。

　この点は裁判官と原告の意見によると思われる。原告としても，早急に判決を受け取りたいはずであろうが，他方明渡しの同意がとれれば強制執行は不要となる。一回くらい延期をし，その間別の弁護士が再度受任をして交渉が可能かを見極める方がよいのではないかと思う。辞任予定であることを理由に，期

日の変更が認められるか，裁判所の意見を柴﨑裁判官から聞いてみよう。

☑ 委任の本旨を明確にしておく

　お題4をもう一度読んでみよう。そもそも最初の相談のときに，依頼者との間で，勝訴する見込みはないため，明渡しの期限猶予や引越費用等を負担させるという和解を目指すという合意があったのか，不安にならないだろうか。

　どんな事件であっても徹底して戦うのが弁護士，というスタイルであれば迷うことはないだろう。しかし今回のようにうまく負けるという場合，我々の中ではそうするのが常識だとしても，依頼者や一般の人にはそうではないということがある。これを，法律の常識，世間の非常識というのかはさておき，この点をきちんと説明しなければならない。できれば事件受任のときに，依頼を受けて何をするのか，何ができるのか，そのリスクは何かについて，書面で説明をし，了承を得る方がよい。弁護士の説明義務については，最高裁判所判決平成25年4月16日などを参考にしてみよう。

☑ 気になることが一つ

　鋭い読者の方はこのような疑問を持たれたかもしれない。学陽弁護士は，答弁書でどのような認否をしたのだろう，と。

　「世間の常識」でいえば，家を明け渡さなければならないと考えているのであるから請求を認諾すべきだ，ということになる。しかしそれではあっという間に裁判は終わってしまうし，交渉の余地がなくなるだろう。それに本戸さんのように，後でいろいろ主張が変わるということにも備えなければならない。

　請求認諾というのはとても重要な決断である。それを答弁するのであれば，きちんと依頼者に説明をし，書面による同意をとっておくべきだろう。単に答弁書を確認してもらった，というだけでは，後に「答弁書に書いてある意味がわからなかったが，これでいいですね，と言われたので黙っていました。」と言われ，説明義務違反と言われかねない。

AFTER

添削後の起案例①

20○○年3月1日

本 戸 駒 太 様

〒○○○－○○○○
○○県○○市○○町1－2－3
学陽法律事務所
弁護士　学　陽　太　郎
ＴＥＬ○○○－○○○－○○○○
ＦＡＸ○○○－○○○－○○○○

事件処理方針に関する確認書

前略　お世話様です。

　現在当職が受任しております，○○地方裁判所民事第○部の建物明渡請求事件（○○年（ワ）第○○号）につき，事件処理方針について以下のとおり確認をいたします。

　また，貴殿に本日まで度々お電話を差し上げましたが，応答がございません。本書を受け取られましたら10日以内に当職宛にお電話をください。

　残念ながらお電話がない場合，事件を当職に引き続き依頼するという御意思がなく，信頼関係がなくなってしまったと言わざるを得ません。その場合，法テラスと裁判所に辞任の手続をします。その後上記裁判については本戸様がご自身で出頭されるか，新たに他の弁護士を選任しなければ原告の請求に従った判決が出されると思います。

　次回裁判は，20○○年3月28日，午前10時です。

記

1　当初の方針について

　20○○年2月6日に相談を実施した際には，本件については事実関係について争いがないため，引っ越し費用等を原告側に負担させるという方針で和解をするということを決め，事件を受任いたしました。

　これに従い，当職からは法テラスへの報告書を提出し，答弁書を裁判所に提出しました。答弁書は事前に本戸様にご確認をいただいてい

ます。

2　方針の変更の申し出

　　20○○年2月21日に第1回口頭弁論期日に出頭し，当職は和解を申し入れたところ，原告は3月までに退去できるのであれば引越費用と不用品処分費用の他に移転先の契約金も出すということでした。これは貴殿にとって悪くない条件ですので，翌日このことをお伝えしたところ，貴殿から次のご主張が出されました。

　　ア　本件建物は父からもらったものである。

　　イ　遺留分に関する合意書は，原告から印を押せと言われて押しただけであり，内容を読まないまま押させられた。

　　ウ　そもそも公正証書遺言は無効である。

　　エ　原告から住んでいてもよいと言われた。

3　方針変更に対する見通し

　　アとエについては，現時点でそれらを証明する客観的な証拠がありません。もし贈与契約書や使用貸借契約書などがあるのであれば，至急お見せください。

　　イについては，印鑑証明書も添付されていること，また遺留分相当額を現金で受け取るという合意が成立し，実際に現金を受け取っているとのことですので，合意を否定するのは難しいと考えます。

　　ウについては，お父様が遺言作成当時認知症であったというためには当時のカルテや医師の診断書などを検討し，お父様の遺言能力を精査する必要があります。ただ現時点ではこれらを示す客観的な証拠がありません。

　　この他，ご親族を裁判の証人に申請するためには，まず本人である本戸様から詳しくご事情を聞く必要があります。

　　以上のことを考えますと，当職としては本戸様の件につき，建物を明け渡し，引越費用や不用品処分費用，移転先の契約金を受け取るという和解をすることが最善と考えております。

　　この点について，ご意見をお聞かせ下さい。

以上

○ 添削後の起案例②

20○○年3月14日

本 戸 駒 太 様

〒○○○－○○○○
○○県○○市○○町1－2－3
学陽法律事務所
弁護士 学 陽 太 郎
ＴＥＬ○○○－○○○－○○○○
ＦＡＸ○○○－○○○－○○○○

辞任通知書

　○○地方裁判所民事第○部の建物明渡請求事件（○○年（ワ）第○○号）につき，本日までご連絡がございませんでした。

　貴殿との間の信頼関係は喪失したため，これ以上裁判を続けることは困難となりました。

　20○○年3月1日付事件処理方針に関する確認書でお伝えしたとおり，本日，法テラスに辞任の申し出をいたしました。また裁判所には辞任予定であることを伝え，法テラスの辞任承認後，辞任届を提出いたします。

　次回期日までに，貴殿から裁判所へ電話していただき，今後のこと（ご自分で出頭するのか，別の弁護士を選任するのか）をお伝えください。

　裁判所連絡先　○○地方裁判所民事○部　担当　○○書記官

お題 **4** について
裁判官からひとこと

1 辞任ができない裁判官が, 辞任についてコメントするの？

　「辞任」……裁判官にはあり得ない言葉である。裁判官には，裁判官そのものを辞める（あるいは，「辞めさせられる」）ことはあっても，特定の事件から逃れることは，基本的にはできない。裁判官が，「この事件は，私の能力を超えており，私が処理できるようなものではないので，手放したいです。」などと都合のいいことを言い出しても，それが認められるわけがない。

　事件から逃れられない裁判官が，事件から逃れるときに気を付けるべきことについてコメントをしようというのが，そもそも間違っているのかもしれない。正直申し上げて，弁護士が辞任しようとする際の手順ないし気を付けるべきことについては，「牧田弁護士の指摘しているとおりである。」という以外には，何も言うことができないのである（それこそ，私の能力を超えている。）。

　「以上でコメントは終わり……」としたいところであるが，牧田弁護士の主論に対してコメントをすることが，私に与えられた仕事である以上，できる限りのことはこなさないわけにはいかない。そして，弁護士の辞任という事態に直面した経験を有する裁判官として，思いつくことがないわけではないので，それについてはコメントさせていただこう。また，牧田弁護士から，代理人の辞任に伴う訴訟進行についての質問が出されているので，それには回答しなければならない。

2 自分が逃げたら「はい, おしまい」では困る

　「牧田弁護士の述べた内容に対してコメントをすることが，私に与えられた仕事である以上，できる限りのことはこなさないわけにはいかない。」と今し

がた述べた。ここでは「辞任」がテーマであるが，辞任のための手続が完全に終わらない限りは，「仕事が与えられた状況」から脱したことにはならないのである。

　以前，訴訟係属中，次回期日が迫っているのに代理人から提出されるべき準備書面が出てこないので，書記官を通じて催促をかけたところ，「辞任する予定です。」との回答を得たことがある。裁判所の立場からすれば，弁護士である代理人に辞任されると，通常の場合は事件の進行が遅滞してしまうのであって（もっとも，ごくまれなケースではあるが，訴訟事件の中には，代理人の準備がいつも遅いために事件の進行が遅滞したり，代理人の主張や立証が錯綜して訳がわからず，その整理のために時間を要するようになってしまったりする例もあり，更には，そのように事件を「かき回した」代理人が辞任して他の弁護士が代理人となった直後に，和解が成立したということもあったが，それは別として），あまり喜ばしいことではない。しかしながら，弁護士が辞任をするというのは，弁護士にとってよほどの事情があったためであることは，外部の者にも察しはつく。従って，当の弁護士を責めるわけにはいかないが，辞任するに当たり，その後の手当てをきちんとしてくれる弁護士もいれば，「後のことは知らないよ。」という態度をとる弁護士も，いないわけではない。

　繰り返すが，裁判官の立場としては，代理人が辞任すること自体を責めるわけにはいかない。しかしながら，「飛ぶ鳥，後を濁さず」ということもあるので，当事者本人に対して，「新しい代理人に委任するまでは，とりあえず○○についての準備をするよう裁判官から伝えられることが考えられる。」「裁判官からは○○といったことを尋ねられる可能性が高い。」「相手方からは，○○について認否や回答を準備して欲しいと言われることが想定される。」といった程度の伝達は，して欲しいものである。もちろん，その伝達どおりに行動するかどうかは，あくまで本人が決めることであり，本人をそのように行動させるよう確約をしてくれとまで求めるわけではない。

3 代理人の辞任予定を理由に，期日の変更を認めるか？

　牧田弁護士から，代理人が辞任予定であることを理由に，期日の変更が認められるかという質問があったので，回答しなければならない。

　期待にそう回答ではないと思われるが，「裁判官次第です。」というのが回答である。ただ，私自身が着目すべきと考えている点については，触れておこう。

　まず，民事訴訟手続においては，相手方当事者がいるということ（大抵の場合はその代理人もいること）を忘れてはならない。代理人に辞任されてしまった当事者本人としては，次回期日に予定されていたことを自分自身の訴訟行為という形で行うことは，絶対無理だとはいえないまでも，多くの困難を伴うので，期日を開いても，本人に対して予定されていたこと（主張や立証の追加提出）を求めるのは酷であり，また，事実上不可能に近い。

　その一方，相手方当事者が準備してきたことは，こちらの代理人が辞任したという事態が発生していても，それとは関係なく，期日で行うことができるのであり（準備書面の陳述や書証の取調べは，副本の受領が確認できていれば可能である。），「せっかく準備してきたのだから，こちらの訴訟行為は本期日でやらせて欲しい。」という気持ちになるのももっともである（代理人よりは，本人にその思いが強いのではないか。）。

　そのような点に考慮する必要から，私の場合は，相手方の代理人に対し，期日をそのまま開くか変更するかについて，意見を聴くことにしている。大抵の場合は，「辞任されてしまったのなら，次回には手続が前に進むことは期待できないので，変更してもらってかまいません。」という答えが返ってきて，期日を変更することになるが，ときには，「こちらが準備したことだけはやらせて欲しいので，期日はそのまま開いてください。」と言われることもないわけではない。その場合には，期日を変更せずにそのまま開くことにしている。

　ただ，後者の場合には，その場で他方当事者本人から的確な応答や，次回までに準備を予定していることの内容についての予告を得るようなことはほとんど期待できず，「遅くとも1か月以内に，新しい弁護士を探し出して手続を委任しますので，今日はここまでにしてください。」と言われるのが関の山であ

ろう。期日の維持を求めることは自由であるが，結局はそのような事態になる可能性が高いことは，頭の中に入れておいていただきたい。

　期日の変更を認めないからといって，訴訟手続の遅延が回避できるわけではない。また，遅延を避けることに重きを置くことで，代理人に辞任された当事者本人の主張すべきことの主張の機会や，提出すべき証拠の提出の機会を損なうことになってしまうと，判決の時期が後に延びる可能性は少なくなる反面，正義に反する訴訟手続という非難を受けることは必至である。辞任されてしまった当事者本人の立場にも配慮しないわけにはいかないことは，忘れないでいただきたい。

第三者に協力を求める書面

● ●

　あなたは，5年前に中古で家を買ったという人から隣家の塀が越境しているという相談を受け，塀の撤去の裁判をすることを検討している。

　隣家と依頼者の前所有者は，30年前に同じ時期に土地を買って家を建てたが，両方の敷地の境界線上に塀がなかったので，数年後に隣家が塀を設置した。依頼者の前所有者は，その頃塀が隣家へ越境したのではないかと言っていた，という。

　あなたは塀が建てられた時期によっては，依頼者が時効完成後の第三者になるため越境部分の明渡しを求められるのではないかと考えた。そこで前所有者と連絡をとって，事情を聞こうとした。

　以上を踏まえ，前所有者に対し手紙を書いてみよう。またその際どのようなことに気を付けるべきだろうか，考えてみよう。

添削前の起案例

2018 年 3 月 3 日

木地川　よね　様

〒○○○ - ○○○○
○○県○○市○○町 1 - 2 - 3
学陽法律事務所
弁護士　学　陽　太　郎
ＴＥＬ○○○ - ○○○ - ○○○○
ＦＡＸ○○○ - ○○○ - ○○○○

　　　　ご連絡

拝啓　時下益々ご清祥のこととお慶び申し上げます。
　突然のお手紙を失礼いたします。
　木地川様は○○県○○市○○町 3 - 6 - 18 の土地を 1988 年 10 月 21 日にお買いになり，1989 年 8 月 30 日にご自宅を建てられました。同じ頃，猿谷氏も土地を購入し，自宅を建てました。両家の境界には塀がなかったため，その数年後に猿谷氏が境界線に塀を設置したとのことです。
　そのとき塀が木地川様側に越境しており，現在もそれは解消していません。
　木地川様から土地建物を購入した犬山氏は，越境部分を撤去してもらうべく訴訟手続を当職に依頼しました。
　そこで，塀が越境して設置されたのはいつ頃か，またなぜ越境しているのかについて，木地川様のご認識をお伺いしたいと考えます。また，それらの裏付けとなる写真などがありましたら，お借りしたいと思います。
　お忙しいところ恐縮ですが，ご協力の程よろしくお願いいたします。

　　　　　　　　　　　　　　　　　　　　　　　敬具

POINT 1
内容は正しい。しかしここで書くべきか？

POINT 2
第三者から見て相手方は「様」か「殿」か「氏」か。

POINT 3
これを読んで，第三者はどう思う？

POINT 4
お願いしたいことは具体的にしよう。

 **起案添削のPOINT**

☑第三者の警戒心を解く

　本章最後のお題は，当事者以外の第三者に手紙を送る場合，どのようなことに配慮すべきか，ということである。第三者というのは，依頼者と相手方以外の人を指す。例えば，事故を偶然目撃した人である。相続財産管理人や破産管財人の業務で，市場では売れないような土地（単体では狭すぎて家を新築できない，そもそも接道要件を満たしていないなど）を売らなければならないことがある。そのような場合は，隣地の登記事項証明書を調べ，お隣りさんに「この土地買ってくれませんか？」という趣旨の手紙を送る。その場合の隣人も，第三者である。なお，ある程度資力のあるお隣りさんであれば，「隣りの土地は借金してでも買え。」という格言のとおり，興味を示してくれる。

　あなたにとって第三者は，事件解決のカギを握る重要人物である。事故の目撃者であれば，その証言により勝訴や無罪を導きうるし，お隣りさんが売れない土地を買ってくれれば事件が終了し報酬も入る。是非とも，自分に協力して欲しいと思うだろう。

　ところが第三者から見ると，あなたは第三者にとって無関係な弁護士，ということになる。事件の目撃者として法廷に立ってもなんのメリットもない。むしろいざこざに巻き込まれたくないと思うのが人情だろう。隣りの土地だって何が埋まっているかわからないから欲しくもない，と思われているかもしれない。

　このように，手紙を送る側と受け取る側にギャップがあることを十分認識しないと，目的を達成することができなくなる。弁護士である自分が手紙を送ったのであるから必ず返事が来るだろうということは間違っても考えてはいけない。むしろ，新手の詐欺と同じような扱いで黙殺されるかもしれない。そのような状況下で書くべき書面は，とにかく怪しまれないこと，そしてまず電話で連絡をしてもらうようにすることである。手紙を読む第三者の警戒心を解くこ

とが，大きな目標である。

　では，具体的に見ていこう。

☑ 読み手を引きつける話題を提示する

　依頼者であれば自分の弁護士からの手紙を不信に思うことはない。相手方であれば，多少の心当たりがあるので，「あ，あいつ本当に弁護士を頼んだな。」など身構えて読むことになる。

　ところが，弁護士のあなたが無関係の第三者に手紙を送った場合，その人はどう思うだろうか。大会社や役所であればどうということはないが，小さな会社や個人宅であれば，法律事務所名が入った封書が届けば受け取った人を不安な気持ちにさせるだろう。そういう気持ちで読み進められる，ということを考えると，読み手を早めに安心させる必要がある。そのためには，自分の立場を文章の冒頭に明らかにすること，この手紙の趣旨を明らかにすることである。

　添削前の起案例を見ていただきたい。なぜ学陽弁護士が木地川さんに手紙を送ったのか，それが明らかになるのは本文の8行目からである。そこまで読まないと目的がわからないのは，読んでいる木地川さんを不安にさせるだろう。ミステリー小説であれば上出来である。しかし，弁護士の仕事の書面であれば，よろしくないのではないか。

　立場を明らかにするための方策としては，手紙の相手と自分との関係を示すキーワードを早めに出す，ということである。この場合，木地川さんにとって○○県○○市○○町3－6－18という番地は慣れ親しんだ，以前住んでいた場所であるし，その犬山一郎さんといえば，ああ自宅を買ってくれた人ね，と思い出すと思う。そのような共通の話題を提示し，読み手をこちらの世界に引っ張り込むことが大切である。

POINT 1

☑ 寄り道をしない

　チラシやビラなどの文末に「最後までお読みいただきありがとうございます。」と書かれているものがときどきある。ラーメン店でも，汁を全部飲み干すと器の底に「ありがとう。」などのメッセージが出てくるところもある（但し健康のために飲み干すのはほどほどに）。チラシは，自分には関係がないとわかった瞬間，そこで捨てられる運命になる。だからいかに最後まで読ませるか，というのが広告企画者の腕の見せ所だろう。

　第三者宛の手紙も，同じである。細かい経緯をだらだら書かれたものはそれだけでイライラするし，まして書面を読む義務がない第三者であれば最後まで読まないかもしれない。

　第三者であるから，不用意に紛争の経緯を書くべきではない。必要最小限，間違いのない事実のみを記すべきである。また読み手がわかっていることや，少々忘れていても目的達成に影響がないのであれば，カットしてよい。

　起案例のPOINT 1を見ていただきたい。この点は登記事項証明書をとれば日付まで明らかである。だから正しい。

　しかし，だからどうだというのか。

　この行を読んだ木地川さんは，「あら，そんな昔だったかしらねえ。」とか「家ができたのはもっと寒い時期だったわ。」とか，いろいろ考えが脱線するかもしれない。また，自分がよく覚えていないことを心当たりのない弁護士がずばずば日付まで指摘してくることに，薄気味悪さを感じるかもしれない。

　この点で，POINT 1は正しい情報であるものの，読み手にとっては不要な情報であるので，この書面ではカットすべきである。

☑ これらは会話でも同じことがいえる

上記2つの技は，会話でも応用ができる。次の電話応対例を見て欲しい。

（例4—1）

弁護士 もしもし，木地川さんのお宅でしょうか。

木地川 はい。

弁護士 私は，弁護士の学陽太郎と言います。

木地川 はあ。

弁護士 木地川さんは○○県○○市○○町3−6−18にかつて土地をお買いになりましたね。

木地川 ええ。

弁護士 それは1988年10月21日でしたね。

木地川 え，日付まではわかりませんが……。

弁護士 そして1989年8月30日に建物を建てましたね。

この後はどういう展開になるだろうか。「ちょっと，一体なんなんですか。」「あんた一体何者なの？」「いや，名乗るほどの者じゃござんせん。あっしは犬山さんから頼まれた弁護士でして。」。

三流芝居の脚本にもならないだろう。仮に，どうしてそんな細かいことを知っているのだ，と聞かれたら，「法務局の登記事項証明書を調べたんですよ。」「登記事項証明書ってなんだ。」「ご存じないんですか，昔の登記簿謄本ですよ。」「なぜあんたが知っているんだ。」「国で公開しているんですよ。お金を払えば誰でも見ることができます。」「個人情報を金で公開するとはけしからん。」などと議論があらぬ方向へ走ってしまう。そして途中で相手を怒らせて，電話は切られてしまうだろう。

それでは次の例はどうだろうか。

> （例4—2）
> **弁護士** もしもし，木地川さんのお宅でしょうか。
> **木地川** はい。
> **弁護士** 私は，弁護士の学陽太郎と言います。○○県○○市○○町3－6－18の犬山一郎さんという方から依頼を受けた弁護士です。
> **木地川** はあ，そうですか。
> **弁護士** 犬山さんの土地とお隣りの猿谷さんの土地の，境界線の塀についてなんですが。
> **木地川** ああ，あの塀は猿谷さんが……

　余計な説明を抜いてみると，こちらの方が，早く本題に入りやすいのがおわかりいただけるだろう。

　電話で，例4—2を実行するのであれば，書面でも同じようにするのがよい。

　更に，この発想は尋問技術にも当てはまる。誰もが知っている前提事実をだらだら聞くのではなく，証人と事件の争点を結びつけるキーワードを提示することで，寄り道せずに問題の核心に迫ることができる。

POINT 2

☑第三者である事件の相手方にも配慮する

　今回の依頼者は犬山さんで，相手は猿谷さんである。だから，依頼者である犬山さん宛の手紙では猿谷さんは「猿谷氏は」「相手方は」でよいし，猿谷さん宛の手紙では犬山さんは「犬山氏は」「当方依頼者は」でよい。では第三者となる木地川さん宛の手紙では，依頼者や相手方はどのような扱いをすべきだろうか。

　これについてはこれというルールはない。迷うのであれば登場人物は全て様付けにするのがよいと思う。それは第三者が自分の依頼者や相手方に対し，どのような感情を持っているか，わからないからである。

例えば，犬山さんからいかに猿谷さんの極悪非道ぶりを説かれたとしても，木地川さんにとって猿谷さんは長年良好だったお隣りさんで，今でも年賀状のやり取りをしている，ということもあり得る。もしかしたら，この手紙を送ったら木地川さんが猿谷さんに，「犬山さんの弁護士という人から手紙が来たわよ。」と連絡が行くかもしれない（本来その可能性も吟味して手紙を送るべきである）。

POINT 3

☑ 最初から全てを示さない

　無関係の第三者が，初めて弁護士からの手紙を受け取った場合，まず訝しがられることは間違いない。そして中身を読んで，やっぱり面倒なことに巻き込まれそうだ，と思われたら，そこでおしまいである。

　起案例のPOINT 3を見て欲しい。「越境部分を撤去してもらうべく訴訟手続」とか，「ご認識をお伺いしたい」とか「写真などがありましたら，お借りしたい」，などと言われて，よっしゃ，協力してやろう，という奇特な人がいるだろうか。これまで「訝しい」という気持ちで手紙を読み進めてきた木地川さん，70パーセントは嫌な予感でいただろう。そしてこの行を読んで，気持ちは「訝しい」から「拒否」に転じてしまうと思われる。

　もめ事に関わりたくないのは誰しも同じだし，だからこそそこを曲げてお願いをしなければならないのである。一度拒否されてしまったら，それを変えるのは絶望的と言わざるを得ない。そうであれば訝しいままの方が，まだ30パーセント逆転する可能性はある。

　この手紙の後，電話で相手を説得し，最終的には面談をしてこちらに協力してもらう，ということが狙いなのであれば，相手の態度を100パーセント決めてしまうような内容は書くべきではない。

☑ 指示事項は明確に

起案例では、「ご協力の程よろしくお願いいたします。」との言葉で締めくくられている。読んだ相手は、一体何に協力するというのだろうか、塀が越境していることについて認識を教えて欲しいということと、写真を借りたいということであれば断る、となるだろう。そうであればそのまま手紙は放置される。親切な人はわざわざ電話をして、手紙の件は断ります、と連絡をしてくるだろう。

こちらの狙いを最初から全部示さないということと、現時点で何をして欲しいと言うことを明示することは、レベルが異なると思う。手紙を読んだら一度電話が欲しい、というのであればそう書くべきである。

また、依頼者でも相手方でもない人が事務所に電話をかけた場合、自分がすぐ出れば問題ないが、不在時に事務員が応対するときは、失礼が無いようにあらかじめ事務員に伝えておくのがよい。

「犬山さんの塀の件で木地川さんという方から電話があったら、折り返しの番号を聞いておいてください。」程度のことである。繰り返すが、第三者が事務所に電話をする義務はない。そこを電話してくれるのであるから、対応を誤らないようにしたい。

「言われたとおり電話をかけたら、お宅の事務員さんに『どちらの事件ですか』って聞かれて、依頼はしていないけど、って言ったら『それでは取り次ぎいたしかねます』って言われたから、じゃあいいです、って電話を切った。」というようなことが無いように。

☑ 第三者の所在調査にご用心

実はこれが一番やっかいだと思う。第三者の住所をどうやって把握したらよいのだろうか。

第三者の住所が登記事項証明書に載っている、つまり先に木地川さんが引越

しをして転居先に住所登録をし，所有権移転登記は新住所で行った，ということであればそこに手紙を送ればよい（今回はそれを想定している。）。新住所が登記事項証明書や依頼者が所持している不動産売買契約書に載っていない場合や，そこから更に転居をしているという場合はどうすべきか。

　真っ先に思いつくのが住民票の写しや戸籍の附票を取得するということであろう。依頼者も，弁護士なら調査ができるはずだと思っている人が多い。

　しかし，そこは慎重にしていただきたい。住民基本台帳法を読んでいただいてもよいし，お手元にあるだろう日弁連の職務上請求書の説明書を読んでいただくと，第三者の住民票というものは簡単にとれるものではないということがわかるだろう。職務上請求書の利用目的はきちんと書かなければならない。適当に書いたり嘘を書いたりすれば，同法違反に問われたり懲戒処分を受けたりすることになる。

　例えば，自己の権利を行使するために住民票の記載事項を確認することができる，にチェックを入れ，利用目的を「土地明渡請求事件の当事者の特定と所在確認」とすれば，市役所は写しの交付に応じる。しかし後で木地川さんが，なぜ学陽弁護士が自分の住所を調べたのだろうと疑問を持ち，市役所で情報開示請求をすれば，この請求がインチキであることはすぐにばれてしまう。

　住民票で追いかけられないのであれば，無理に深追いすべきではない。

　また，安易に事務局に「木地川さんの住所を調べておいて。」と指示すべきではない。内容を十分に把握していない事務員は，訴訟の相手方と勘違いをし，職務上請求書を使って上記のとおり請求をしてしまうだろう。そのときに「あれは事務員がやったこと」で言い逃れはできない。

　相手方と異なり，第三者は所在調査でいろいろ制約を受けるということを，是非気を付けていただきたい。

　木地川さんに手紙を送ったところ，早速電話がきた。さあどうしよう。

　いざというときに慌てないように，協力を求める事項を簡潔にまとめておくとよい。

　理想は，事務所に来てもらい陳述書を作成する，出廷も約束してもらうこと。しかしこれらを一度に提案すれば，「お断りします！」と言われて電話を切ら

れるだろう。

　一度に無理をせず，まず，どこかで会う約束を取り付けられれば十分であろう。その際に，関連する証拠を見せて欲しいということも頼んでみる。どんな証拠がどんな理由で見たいのか，など細かいところは面談の前に手紙で説明をする。

　会うのは難しい，という人であれば，簡単なアンケートを送るので後日これに協力して欲しい，と頼んでみよう。お題であれば，写真を添付してこの塀を建てたか，いつ頃建てたか，建てた頃の写真や外構図の有無などをアンケート形式で質問する。

⬤ 添削後の起案例

2018 年 3 月 3 日

木地川　よね　様

〒○○○−○○○○
○○県○○市○○町 1 − 2 − 3
学陽法律事務所
弁護士　学　陽　太　郎
ＴＥＬ○○○−○○○−○○○○
ＦＡＸ○○○−○○○−○○○○

ご連絡

拝啓　時下益々ご清祥のこととお慶び申し上げます。

　突然のお手紙を失礼いたします。

　私は，○○県○○市○○町 3 − 6 − 18，犬山一郎様より依頼を受けた弁護士です。

　犬山様の土地とお隣りの猿谷様の土地の境界線上に塀が設置されておりますが，この塀が犬山様の土地にはみ出て設置されているようです。

　この塀は木地川様がお住まいの頃に設置されたと伺っております。つきましては，塀がいつ頃建てられたのかなど，お話を伺いたいと思います。

　大変恐縮ですが，一度私の事務所にお電話をいただけませんでしょうか。私が不在の折は後ほど掛け直しますので，お電話番号を事務にお伝えください。

　古い話を持ち出して大変恐縮ですが，何卒ご協力の程，よろしくお願いいたします。

敬具

裁判官からひとこと

1 裁判官が第三者に協力依頼？

　裁判官は，訴訟事件に関して第三者の協力を仰ぐような場面に遭遇することはない。あえて言えば，双方当事者とも接触することが困難な人について証人申請があり，尋問の必要性があると認めてこの証人を採用する場合において，申請者の側で証人を同行させることはできないために裁判所から呼出しをかけるということはままある。しかし，その場合であっても，定型的な文面が記載された呼出状を送付するだけであって，証人が出頭してくれるように心理的に働き掛けるような文章を書いて送りつけるようなことはしない。そういう意味から，訴訟事件に関係のない第三者に対して協力を求める場合に気を付けるべきことについては，これもまた，裁判官があれこれコメントすべきものではないということになりそうである。

　もっとも，弁護士が，紛争の解決に協力する義務を負わない人に対して任意の協力を求めるときには，大いに気を遣うものであるということについては，察しがつく。第三者の協力という点に関して，思いついた事柄を書いておくというのも，わずかかもしれないが多少の意味はあろう（もし読み始めて有害だと感じられたときには，以下のコメントについてはすっ飛ばして，牧田弁護士の主論だけをじっくり読んでいただきたい。）。

2 裁判所を利用して第三者を引っ張り込もうとした代理人

　実際に経験したことであるが，当事者本人（期日には必ず出廷してきていた。）とその代理人が，証人申請（呼出し）をしたので，出頭の可能性について尋ねたところ，「証人として出廷することについて話はできているけれど，日程に

ついては調整ができなかった。裁判所からの呼出しに対してはそのまま応じて
もらえると思うので，採用の上，呼出しをかけてもらいたい。ただ，陳述書の
作成は難しい。」という回答であった。私としては，この当事者側のストーリー
に乗っかった場合には，尋問をする意味がある証人であろうと判断したので（裏
を返せば，尋問をしてみた結果，このストーリーどおりの事情が出てこなけ
れば，その主張を排斥しやすくなると見込んだことから），採用を決定した上，
呼出しをかけ，陳述書なしで証人尋問を実施することにした。ところが，その後，
呼出状を受け取った証人から裁判所に電話があり，「いきなり裁判所に出廷し
てくれとは一体どういうことだ。こちらも仕事があるんだ。こちらの予定を聞
かずに『裁判所に出てこい』と言われたって，できるわけがないだろう。そも
そも私に何を尋ねるというのだ。」と，怒号を交えて書記官に話しかけてきた。
書記官は「○○さんとその代理人の××弁護士によれば，お宅様は証人として
出廷していただくことについて了解されているということでしたので。」と答
えたところ，証人は「そんな話は聞いていない。だいたい，その○○さんにつ
いては，かなり前にどこかで接触したことがあった覚えはあるが，その人の裁
判に関することについては聞かれても思い出せるようなことはない。金輪際裁
判所には行かない。」と答えていたという。

　この証人については，その次の期日で「証人から出廷はできないし，今後も
行くことはできないとの連絡が入ったので，採用決定を取り消します。」とい
うことになったが，要は，本人と代理人が，証人申請予定者に対して何も働き
かけをせず，いきなり裁判所に証人申請をして呼び出してもらうことを目論ん
でいたというわけである。ある意味，こちらが騙されたということになるが，
くれぐれも，裁判所を利用して呼出しをかけることにより，事前交渉を省くと
いったことは，絶対にしないでいただきたい。

　この件については，更に事後談があり，次の期日に本人を調べる予定になっ
ていたところ，その代理人から期日間に，「先に断られた証人と交渉して出廷
してもらえることになったから，再度採用決定をして呼出しをかけて欲しい。」
との連絡が入った。私は書記官に対し，「証人を自分で連れて来なさい。前の
呼出しに対して出廷を断られていることもあるので，裁判所から呼出しはしな

い。当事者または代理人の方で証人を次回期日に同行されたい。証人が出廷してきたら，その場で採用決定をして尋問を実施する。」と伝えるよう指示し，書記官がその旨の電話を代理人に入れた。するとその後しばらくして，その代理人から電話が入り，「さっきの話は別の事件と混同してしまって，間違いでした。」という連絡が入ってきた……真相は闇の中であるが。

3 弁護士が「待ち伏せ」

　他の裁判官から聞いた話であるが，ある弁護士が，訴訟の関係でどうしても協力してもらいたい人がいて，自宅に帰る途中で待ち伏せして直談判に及んだという話を聞いたことがある。それも，協力を頼んだ相手というのが子どもであって，学校からの帰り道で待ち伏せをし，その子がやってきたところにいきなり顔を見せて，協力を依頼したというのである。協力をどのように依頼したのかについては，もはや記憶が正確ではないが，陳述書か何かをその子に示して「間違いありません」の文言の後にサインをしてもらうということであったように思う。いずれにせよ，協力を仰ぐ方法としていかがなものだろうか。待ち伏せされた子供の心境はどのようなものであったろうか。不審者あるいは誘拐犯かもしれないと思い，怖い思いをしたことも十分考えられるところである。読者の皆さんは，そのような協力依頼の方法を用いることがありますか？　あるいは，用いてみたいと思いますか？

　またここでも登場するのが，「相手の立場に立って考えよう」。

裁判上の書面

お題

6

訴状　その1
―貸金返還請求事件

・・

　あなたは樫田一郎さんから，次の相談を持ちかけられた。

　「私は数年前から大阪市内の会社に勤め，今年の4月に転職して東京に引っ越しました。大阪で働いていたときに，三原市子さんという同僚から『親の店がピンチなので，お金を貸して欲しい。』と言われ，100万円を3回貸しました。三原さんは100万円を返してくれましたが，200万円が未払いです。お金のやり取りは手渡しの現金で，契約書や領収書はありません。」

　あなたが樫田さんからお金を借りた経緯について聞いたところ，樫田さんは次のとおり説明をした。

　「1回目は平成30年1月頃です。三原さんから，親が福岡で居酒屋を経営しているが，去年の年末に食中毒事故を起こして営業停止になってしまった。今は営業を再開している

けれど，忘年会シーズンに営業ができなかったことがたたって，資金繰りに苦労をしている，と言われて，100 万円を現金で渡しました。」

「2 回目は同じ年の 6 月中旬です。三原さんから，居酒屋はその後常連客が戻ってきたので復活しつつある。ただ 6 月末の銀行の支払いに 200 万円を用意しなければならない。自分は 100 万円を出すので 100 万円を貸してくれないか。7 月にはまとめて 200 万円を返せると言っている，というので，来月返してくれるならと思い，100 万円を渡しました。」

「三原さんは 7 月末に 100 万円を返してくれました。残りはどうするのかと聞いたところ，年末に返すというので，100 万円はそれまで待つことにしました。」

「3 回目は，その年の 12 月上旬です。三原さんは，父が病気で入院したので，料理人を雇ったり病院の費用を払ったりしなくてはならないので，あと 100 万円を貸してくれないか，残金は 12 月の売り上げでまとめて返すから，というので，100 万円を渡しました。」

「今年の 3 月，私は，転職をして東京に引っ越すので，残金を返して欲しい，と言ったところ，三原さんは，今すぐ全額は無理だから，毎月 10 万円ずつ返す，と言いました。そのやり取りは LINE に残っています。

それから半年たちますが，一度も返済はありません。前の職場の同僚に聞いたところ，三原さんはまだ仕事をしているようですが，彼女はその同僚に，福岡の両親の介護でしょっちゅう帰省しなければならないので大変だ，と言っているようです。」

樫田さんが持っていたスマートフォンの LINE には，平成31 年 3 月 25 日付で次のやり取りが記録されていた。

> 樫田　200 万円の件ですが，きちんと返してください。
> 三原　返さないとは言っていません。ただ，一度には難しいので，10 万円ずつ返します。振込先を教えてください。
> 樫田　返済口座です。　大阪にぎやか銀行新大阪支店
> 　　　普通　1234567　樫田一郎

また，あなたは，樫田さんに，前の職場の同僚に対して三原さんの両親について LINE で質問するよう助言をした。

数日後，樫田さんは「回答が来ました」と述べ，次の LINE を見せてくれた。

> 樫田　三原さんのご両親ですが，介護が必要な状態なのでしょうか。
> 同僚　そうですよ。そう聞いています。
> 樫田　居酒屋を経営しているんですよね。
> 同僚　それはずいぶん昔の話です。樫田さんが入社したときには介護の話をしていたから，5 年以上前じゃないかな。

更にあなたは，樫田さんに，その同僚に対し，上記やり取りの LINE を裁判で証拠として使ってよいか確認をするよう助言した。

数日後，樫田さんは次のやり取りを見せてくれた。

> 樫田　先日三原さんについて教えてくれた LINE です
> が，私の弁護士が，裁判で証拠に使いたいと言ってい
> るのです。いいですか。
> 同僚　それは……ちょっとムリですね。三原さん，席向
> かいだし，怒ると怖いし，裁判とか勘弁です。

以上を踏まえ，訴状を作成してみよう。

✕ 添削前の起案例

訴　　　　状

令和元年 11 月 11 日

東京地方裁判所　民事部　御中

POINT 3

管轄は大丈夫？

原告訴訟代理人　弁護士　学　陽　太　郎

当事者の表示　別紙当事者目録〔略〕記載のとおり

貸金返還請求事件
　　訴訟物の価額　　　　　　　　金 200 万円
　　貼用印紙額　　　　　　　　　金 1 万 5000 円

請求の趣旨

1　被告は原告に対し，金 200 万円及びこれに対する本訴状
　送達の日の翌日から支払い済みまで年 5 分の割合による金員
　を支払え。

POINT 4

遅延損害金の起算日は確認しよう。

2　訴訟費用は被告の負担とする。
3　仮執行宣言。

請求の原因

1　当事者
　　原告は平成 29 年 4 月から平成 31 年 3 月まで，訴外なに
　わファイナンス株式会社に勤務していた。
　　被告も同社に勤務しており，原告と被告は元同僚という関
　係である。
2　原告と被告の金銭の貸借状況（甲第 1 号証）
　(1)　平成 30 年 1 月頃，被告は原告に対し，「親が福岡で居

酒屋を経営しているが，去年の年末に食中毒事故を起こして営業停止になってしまった。今は営業を再開しているけれど，忘年会シーズンに営業ができなかったことがたたって，資金繰りに苦労をしている。」などと述べ，これを信用した原告は被告に現金100万円を渡した。

POINT 1

訴訟物，要件事実にそった記載だろうか？

(2)　平成30年6月中旬，被告は原告に対し，「親の居酒屋はその後常連客が戻ってきたので復活しつつある。ただ6月末の銀行の支払に200万円を用意しなければならない。自分は100万円を出すので100万円を貸してくれないか。親は7月にはまとめて200万円を返せると言っている。」などと述べ，6月を乗り切れば7月には全額返済をするよう原告を信用させ，これを信用した原告は被告に対し現金100万円を渡した。

(3)　平成30年7月末，被告は原告に対して100万円を返済した。

　　　原告が，残金はどうするのかと尋ねたところ，被告は，同年末に返済すると述べた。

(4)　平成30年12月上旬，被告は原告に対し，「父が病気で入院したので，料理人を雇ったり病院の費用を払ったりしなくてはならないので，あと100万円を貸してくれないか，残金は12月の売り上げでまとめて返すから。」などと述べ，これを信用した原告は被告に対し現金100万円を渡した。

(5)　平成31年3月，原告は被告に対し，東京へ引っ越しをするため残金を返済するよう要求したところ，被告は，全額は無理であるため毎月10万円を返済すると述べた（甲第2号証）。

　　　しかし，本日まで被告は返済をしていない。

3　よって，請求の趣旨記載の判決を求める。

POINT 2

よって書きは，省略しないできちんと書こう。

重要な間接事実

　その後，被告の両親は福岡に在住するものの，居酒屋を経営していたのは5年以上前の話であることが判明した。被告が原告に対し，金銭を借り受けるために説明した話は，全て虚偽であった。

証拠方法

POINT **5**

ここで証拠を
示す？

甲1　陳述書
甲2　LINEメッセージ

添付書類

1　訴状副本　　　1通
2　甲号証（写し）各2通
3　訴訟委任状　　1通

以上

別紙　当事者目録
　　〔略〕

起案添削のPOINT

☑ 訴訟物をどう設定するか?

　読者の皆さんは，樫田さんは三原さんから騙されたのではないか，と思われたことだろう。樫田さんも，そう思っているかもしれない。となれば，訴訟物を貸金返還請求ではなく，損害賠償請求にすべきではないかという疑問が持ち上がってくる。

　この点は，その訴訟物を裏付ける証拠の有無，依頼者の希望，訴訟や他の手続の見通しなどにより決めることになる。

　訴訟物を裏付ける証拠の有無とは，その訴訟物で求められる要件事実を裏付ける証拠があるのかないのか，である。貸金返還請求であれば，返還合意と金銭の授受である。これに詐欺となれば，更に欺罔（ぎもう）行為などが要求される。お題では，三原さんが樫田さんにお金を無心するに当たっては全て口頭なので，現時点で三原さんの欺罔行為を証明するのに十分ではない。仮に，「親の仕事がうまくいかなくて」とか「両親から，お礼と来月の売り上げで返済しますとの言葉を預かりました。」などというLINEやメールがあれば，不法行為（詐欺）という展開もあり得る。ただ，同僚が受け取った三原さんの両親についてのLINEは裁判で使ってくれるなということであるため，この同僚を説得してLINEを証拠提出するか，三原さんの両親が随分前から要介護状態で店を営業していないということを別ルートで証拠化するしかない。このために，大阪へ行って同僚を説得したり，福岡へ行って調査をしたりするだけの価値があるのかも問題になる。

　依頼者の希望とは，金銭の回収がメインなのか，そうではなく刑事処罰まで求めるか，である。樫田さんが，とにかく早くお金を回収したいということであれば，あえて詐欺と言わず，貸金返還請求で目的を達成できる。他方，樫田さんが，三原さんに回収可能性のある財産がなく，本人とも連絡がとれず不誠実だ，刑事告訴もお願いしたい，という希望であれば，詐欺で刑事告訴をする

ことと並行して不法行為（詐欺）に基づく損害賠償請求として民事裁判も進めていくことになろう。刑事は詐欺，民事は貸金というのは，間違いではないが具合が悪い。勢い込んで刑事告訴をし，すったもんだの末ようやく受理された，その後警察が被疑者から事情を聴いたところ，被疑者から「この件民事裁判では貸金ということで判決が出ています。」と言われて判決文を任意提出した，というのであれば，警察でなくとも困惑するだろう。理屈を言えば，民事訴訟で確定した事実と刑事手続で確定しようという事実が違う，どうして？　と問われることになる。「いや，詐欺の立証がなかなか難しいので……」と言おうものなら「先生，刑事の方が難しいですよね，無罪推定の原則ですから。」と痛いところをつかれるだろう。告訴の段階で貸金の民事判決が資料として提出されていれば，警察は「お金の貸し借りでしょう。刑事事件にはなりませんよ。」と言って強烈に受理を断るということもあり得る。

　裁判の見通しとは，原告としての立証の難易度や，被告が争う余地の有無により訴訟物の選択も変わってくるということである。先ほどとは逆に，三原さんが普通に仕事をしていて，連絡もとれる，ただお金を返さない，というのであれば，早く判決をもらって強制執行をしようという目的が生まれるのであるから，そこに向かうための最短コースを選択すべきである。三原さんも，お金を借り，返していないという点について間違いがないなら争わないかもしれない。あなたが三原さんから相談を受けた弁護士であり，三原さんがお金を借りて返していないことを認めているのであれば，事実を認め，後は和解に持ち込みたい，と思うだろう。ところが同じ金銭の流れについて「詐欺だ」と言われれば三原さんは全力で争うだろうし，あなたとしても「詐欺の証拠はないので請求棄却で行けるのではないか。」と思うだろう。最悪敗訴の憂き目にあう。「主位的請求を不法行為，予備的請求を貸金返還」とすればよいのだろうか。詐欺でさんざん争って，証拠調べをやって，その後，給与債権の差し押えをしようと思っても，そのときはすでに退職して回収不能，ということも起こり得る。

　このように，訴状の作成に当たっては依頼者の希望，全体の見通し，証拠関係を踏まえて，大きな方針＝訴訟物の設定，を決めなければならない。細かい文章作成の前に，まず大きな方針を多角的視点にたって考えよう。

☑ 要件事実を落とさない

　訴訟物が決まったら，請求原因を要件事実にそってまとめていく。今更何を，と思われるだろう。しかし，しばしお付き合いいただきたい。

　消費貸借契約に基づく貸金返還請求権の要件は次の３つであると司法研修所で教えてもらうだろう。

　　①　金銭の返還，弁済期の合意

　　②　金銭の交付

　　③　弁済期の到来

この要件をめぐって，いろいろな説があるようだが，本書の筋から外れてくるので割愛しよう。弁護士として大事なことは，一般的に使われている要件事実の考え方にそって事実を整理し，書面を書くことができることだ，と割り切ってみる。

　さて，この視点で再度起案例を読んでみよう。何か違和感はないだろうか。

　この添削前の起案例では，お金の流れはよくわかったし，また被告の悪質さも伝わってくる。かわいそうに樫田さんは騙されてしまったのだろうか，と心配になる。しかし，お金を渡した理由＝返す約束をした事実や，いつまでに返すと約束したのか，という点が明確でない。被告の行為の悪質さに引っ張られて，そしてそれを声高に強調してしまったために，肝心の要件が整理されていないのである。請求原因は詐欺であるかのような主張であるが，結論は貸したお金を返して欲しいというものになっている。これでは，ほぼ全面書き直しになってしまう。

　やっかいなのが，起案例を読んで，普通の人は違和感を抱かない，ということである。訴状を提出する前に，依頼者である樫田さんに見せるとする。樫田さんは，要件事実などは意識しないので，この起案に対して「そうです，そのとおりです。先生，よくわかっていらっしゃる。」と言ってGOサインを出すだろう。勘違いは裁判所に持ち込まれ，書記官や裁判官から，補正指示などを受けることになる。

お題6添削前の起案例2（1）を直すのであれば，

> 「被告は原告に対し，平成30年1月頃，『親が福岡で居酒屋を経営しているが，去年の年末に食中毒事故を起こして営業停止になってしまった。今は営業を再開しているけれど，忘年会シーズンに営業ができなかったことがたたって，資金繰りに苦労をしている。』などと述べた。そして，原告は被告に対し，同日，返済期を定めず，100万円を貸し付けた。」

となる。

依頼者の気持ちを汲んで，書面を作成することは悪いことではないし，依頼者の信頼も得られるだろう。しかし，肝心なことが抜けてしまうと，結果として依頼者に迷惑をかけてしまう。先の訴状も，裁判所からたくさんの修正の指摘があったり，ほぼ全面書き直しになったりしたとすれば，そのことを依頼者に報告せざるを得ない。そして依頼者は，この先生が書いた書面が裁判所で随分直されてしまった。大丈夫だろうか，と不安になるだろう。訴状は，依頼者の生の話をそのまま反映させるのではなく，あくまでも要件事実に従って整理するということを再度確認しよう。

POINT 2

☑「よって書き」をさぼらない

始まりは貸金返還請求だったが，終わってみれば詐欺による損害賠償だった，というのは，映画やミステリーであれば傑作の予感がする。しかし訴状では，全面書き直しの予感しかない。

これを防ぐためには，「よって書き」をきちんと書くということである。前著『民事裁判手続』61頁及び70頁で触れているとおり，最後に訴訟物を示すことでこれまで書いてきた請求原因を振り返ることができる。起案例も，よって書きをきちんと書いていれば，我に返って修正をしたのかもしれない。

☑金銭授受の動機や原因を書く？　書かない？

　さて，要件事実を確認した上でお題6の修正例（P.181参照）を読んでみると，三原さんが「親が福岡で居酒屋を経営して……資金繰りに苦労をしている。」と述べたことは，果たしてどの要件なのか，との疑問が生じるだろう。また，彼女の話が嘘だった，ということを「重要な間接事実」で書いている。消費貸借契約の世界において，「親が居酒屋を経営して資金繰りに苦労をしている」とか，「子どもが私立の医大を受験したいというのでお金が必要だ」とか，「こんど郊外にこじゃれた家を買おうと思ってね」などというのは金銭を借りるための動機である。条件付き融資などでなければ，消費貸借契約の内容ではない。まして，借金を申し込んだ話は借主のでっち上げであった，ということは，貸金返還請求には関係がない。そうであれば，思い切ってカットすることも考えた方が良い。

　いや，その点は樫田さんもこだわるだろうし，何より裁判官に三原さんのひどさというか人間性の悪さを理解してもらい，判決を書いてもらいたい，と思うかもしれない。しかし，この経緯については三原さんも「そうは言っていない。」などと争う余地があるのではないだろうか。お題6では客観的な証拠がないため，尚更である。もっと言うと，樫田さんの話も正確であるとは限らない。三原さんから反論されて紛糾するくらいであれば，まずはこれらの事情を除いても請求原因として成り立つかを考え，結論が変わらなければいっそ書かないという潔さも必要だと思う。

　この点は，当事者から真偽は別として大量の生の情報に接した上で事実を抽出する弁護士の立場と，抽出された事実から認定をしていく裁判官の立場で考え方やとらえ方が違うかもしれない。私自身も，訴状の段階で何をどこまで書くべきかを常に悩んでる。生の情報に接した方が裁判官として事件を把握しやすいのか，それとも要件事実以外の事実が主張されて紛糾するのは困るのか。この点は，柴﨑裁判官から意見をもらうこととしよう。

　添削後の起案例は，もっともシンプルなパターンで書いてみた。

☑「不都合な事実」をどうしよう？

　私たちは要件事実について司法研修所で習っている。そこでは，生の事実を法的事実に当てはめること，と説明された。ところが，世の中は要件事実にそって動いているとは限らない。

　お題6では，樫田さんが三原さんに LINE で 200 万円を返すように求めたところ，三原さんは，10 万円ずつ返します，振込先口座を教えてくださいと返信し，樫田さんは返済口座を伝えた。このようなやり取りは，珍しくないと思う。

　ところが，これは要件事実の世界では紛糾するのではないだろうか。つまり，三原さんの分割弁済の提案に対し，樫田さんは異議を唱えなかった。これが期限の利益を黙示的に付与したというべきか。更に期限の利益喪失約款がないので，一括請求は今後できないのだろうか。このやり取りがなければ，すぐ訴状も完成するのに……と恨み言を言うなかれ。現実は要件事実より奇なり。

　とり得る手段は3つ（思いつく）。

　まず，提訴の時点で証拠を提出しつつ，訴状では言及しないことが考えらえる。分割弁済の合意を，弁済期未到来という否認と考えるか，抗弁と考えるかはさておき，被告において主張すべき事実のはず，と考えて，触れない。

　次に，証拠で出しつつ，訴状であらかじめ言い訳をしてしまうということが考えられる。例えば「なお，被告は毎月 10 万円の分割であれば支払うと主張し，返済口座を教えるよう求めた。これに対して原告が応じたのは返済口座の連絡であり，分割について合意した事実はない。」など。

　更に，怪しい証拠は訴状の段階では出さない，ということも考えられる。被告の応訴態度を見てから証拠を出す，ということである。

　お題6において，三原さんとの LINE のやり取りは，三原さんが 200 万円の返済義務を認めた唯一の客観証拠でもある。これを出さないというのはもったいない。とはいえ，今回の LINE の内容であれば，上記の理由で分割について合意をした事実はない，という説明は通用するだろう。三原さんは，10 万円と言っておきながら半年間支払いをしていないのであるから，今更分割に

ついて争う可能性も低いと思われる。

そうであれば，証拠は出しつつ訴状ではあえて言い訳をしない，というのが良いのではないかと思う。

では，樫田さんから三原さんに対し，「10万円でもいいのできちんと払ってください。」というLINEを送ってしまっていたらどうするか。また，実際に三原さんが10万円ずつ返済をしていた場合，どうするか。

これらの場合はその都度考えるしかない。大事なことは，事実は何かを注意深く探り当て，そこから外れたことは書かないということである。本当に支払うかどうか様子を見ていた，少しでも回収したかったので事実上入金を受け入れていたということであれば，分割弁済の合意ではないと言うべきであろう。当事者において，分割返済をするという合意があったのであれば，その約束が守られているうちは合意の解除は難しいだろうし，約束をしたが何か月も支払いが滞っているのであれば，催告をして分割の合意を解除するということになるのだろう。ある証拠があった場合，その証拠が生まれるに至った事情を当事者に確認すべきである。疑問に思うLINEであれば，送り主である樫田さんに，どういう意図で送ったのかを確認する。そこまで検討して，訴状では主張しないと決めるのであればよいが，「これ，こっちに不都合な事実だから，とりあえずなかったことにしよう。」ということでは，全体の方針や事件の筋を読み誤ることになり，後で苦労する。

不都合な事実からも，目を背けないこと。そして，何か不都合だなと感じとる目を養うことも大切だろう。やっつけやごまかしで訴状を書いてはいけない。

POINT 3

☑東京地裁に管轄はあるのか。「持参債務」を考える

この小見出しを読んで「やっぱりね。」と思った方，前著『民事裁判手続』63頁を読んでくださっていたのであれば，ありがとうございます。

え，樫田さんは東京に住んでいるんでしょう，持参債務の原則だから，東京地裁のはず，と思った方，もう一度お題6と条文をお読みいただきたい。

民事訴訟法上，「原則」は「被告の普通裁判籍の所在地」である（民事訴訟法4条）。そして，いわば特則のような扱いで，財産上の訴えは，「義務履行地」においても管轄が認められる（同法5条1号）。そして，金銭消費貸借契約に基づく貸金返還請求の義務履行地は，当事者の別段の意思表示がなければ，債権者の住所地に持参しなければならないとされている（民法484条1項）。つまり，何も決めていなければ「持参債務」が「原則」ということになるが，合意や特約がある場合は持参債務にならない。

　お題6では，樫田さんは返済先の口座を「大阪にぎやか銀行新大阪支店」に指定し，三原さんも異議を述べていない。これは，義務履行地に関する「別段の定め」になる可能性がある，という問題意識である。

　「先生，裁判は大阪でやるんですか。」「いや，そんなことないですよ。『持参債務の原則』というのがありますので，樫田さんが今住んでいる東京地裁でできます。」「よかった。大阪へ行くだけで3万円はかかりますからね。」とほっとした樫田さんに，後日「大阪へ移送されました。」ということになれば，信頼がた落ちであろう。

　最初から東京地裁をあきらめる必要はないだろう。被告が何も言わず応訴するかもしれない。移送申立てがされても「とりあえず振込先口座を指定したにすぎず，一度も返済がされていない。裁判管轄を決めるための履行地とは言えない。」などと主張して争う余地はあると思う。そのような可能性を依頼者に説明をしたり，準備をしたりする必要がある。外出先から帰ってきたら，電話連絡ノートに「東京地裁書記官より。管轄はないのではないか，とのこと。電話ください。」という文字を読んで「えっ。」と絶句することがないようにしたい。

POINT 4

☑「本訴状送達の日の翌日」か

　遅延損害金の起算日をいつからとするか，という問題である。貸金も，交通事故も離婚慰謝料も，全部まとめて「本訴状送達の日の翌日」としておけば

OK よ！　などと言っていると間違えることになる。「遅延損害金」を「チソンキン」と業界用語のように使ってカッコ良く決めるなら，内容もきちんと考えておこう。

　遅延損害金は，債務の履行期を徒過してなお履行がなされない場合に発生する（民法 412 条 1 項）。そして，履行期を定めていない場合は，履行の請求を受けた時から発生する（同 3 項）。ここから考えれば，大きく間違えることはない。後は当てはめを慎重にすればよい。

　お題 6 では，樫田さんが三原さんに平成 31 年 3 月 25 日に，「200 万円の件ですが，きちんと返してください。」と LINE で通知している。これは催告なのだろう。ただ催告期間を定めていない。そうであれば，催告後，相当期間経過後に遅滞に陥った，と考え，初日を不算入（民法 140 条）として，2 週間後である 4 月 8 日を履行期限としておこう，と考えてみる。そしてその結論を，訴状に反映させる。

　訴状を書くに当たっては，いたずらに書式に頼るのではなく，六法に当たって確認をしながら書くと良い。

　なお，お題は平成 29 年改正民法が令和 2 年 4 月 1 日に施行される前の事件であるため，改正前の法定利息が適用される（平 29 法 45〈民法の一部を改正する法律の施行に伴う関係法律の整備等に関する法律〉附則 15 条）。

POINT 5

☑ 証拠方法は？

　お題 6 では，証拠は LINE と陳述書程度しか想定していない。陳述書を訴状とともに出すのがよいのかという点は，前著『民事裁判手続』（同書 147 頁）でも触れた。お題 6 で陳述書を作成する場合は，三原さんが樫田さんに借金を申し込んだ経緯や話を信頼して樫田さんが三田さんに貸した経緯，LINE で催告をした経緯とその回答，そして実は三原さんの福岡の居酒屋の話が嘘である可能性がある，ということも書く必要がある。現時点でこれらについて客観的な証拠が薄く，また経緯については今後争点になるかも不明であるため，私な

らば陳述書の作成は見合わせようと思う。もちろん状況によりけりである。

　それとは別の話として，訴状で添付の証拠方法を明記する必要がある。どの証拠をどのような順番で出すかをあらかじめ決めて訴状の作成に取り掛かるのであれば問題はない。しかし，訴状を書きながら証拠の順番を決めたり，一度決めた後で文章を入れ替え，それと連動して証拠の番号も入れ替えたりする，など，訴状と証拠を行きつ戻りつしながら両方を揃えていくということの方が多いのではないだろうか。証拠については証拠説明書を提出するのであるから，訴状の証拠方法の表示は，「証拠説明書記載のとおり」としておけば，手間やミスも防げると思う。特に，パソコンをデュアル画面にしている方は，右の画面で訴状の請求原因を表示させ，左の画面で証拠説明書を表示させ，机の傍らに証拠書類と付箋を用意すれば，作業効率がグンと高まる。

訴　　状

令和元年 11 月 11 日

東京地方裁判所　民事部　御中

原告訴訟代理人　弁護士　　　学　陽　太　郎

当事者の表示　別紙当事者目録〔略〕記載のとおり

貸金返還請求事件
　　訴訟物の価額　　　　　　　　金 200 万円
　　貼用印紙額　　　　　　　　　金 1 万 5000 円

請求の趣旨

1　被告は原告に対し，金 200 万円及びこれに対する平成 31 年 4 月 9
　日から支払済みまで年 5 分の割合による金員を支払え。
2　訴訟費用は被告の負担とする。
3　仮執行宣言。

請求の原因

1　当事者
　　原告は平成 29 年 4 月から平成 31 年 3 月まで，訴外なにわファイナ
　ンス株式会社に勤務していた。
　　被告も同社に勤務しており，原告と被告は元同僚という関係である。
2　金銭の貸し借りと返済
　　原告は被告に対し，下記のとおり貸し付けた。なお　いずれも弁済
　期の定めはない。
　　　　①　契約日及び貸付日　平成 30 年 1 月頃　　　　　金額 100 万円
　　　　②　契約日及び貸付日　平成 30 年 6 月頃　　　　　金額 100 万円
　　　　③　契約日及び貸付金　平成 30 年 12 月上旬頃　　　金額 100 万円
　　他方，被告は平成 30 年 7 月末に，原告に 100 万円を返済した。

本日，貸付金から返済金を差し引いた200万円が未払いとなっている。

3 催告と被告の自認

平成31年3月25日，原告は被告に対し，残金200万円を返済するよう，弁済期を定めず催告した(甲第1号証)。

被告は支払うことを約束したが，本日まで返済をしていない。

4 結論

よって，原告は被告に対し，上記各金銭消費貸借契約に基づき，元金200万円及びこれに対する平成31年3月25日に催告をした後相当期間を経過した平成31年4月9日から支払済みまで年5分の割合による遅延損害金の支払を求める。

証拠方法

証拠説明書記載のとおり

添付書類

1 訴状副本　　　　　1通
2 甲号証(写し)　　各2通
3 訴訟委任状　　　　1通

以上

別紙　当事者目録
　　〔略〕

お題 **6** について
裁判官からひとこと

1 事件名（訴訟物）と請求原因の不整合は，決して少なくない

　新件の訴状を受け取って目を通すと，訴訟物がわからない，あるいは，請求の原因の欄に記載された事実と，末尾のよって書きに記載された訴訟物が合致しないといった訴状に出くわすことは，決してまれなことではない。牧田弁護士が書いていることは，裁判官の立場からすれば，「弁護士の側から，よくぞ言ってくれました！」と喜びたい気持ちになる内容であって，的確な指摘といえる。

　裁判官（全員に当てはまるとは言い切れないが，少なくとも私の場合）は，新件の配点を受けて記録または訴状の写しを最初に手にすると，記録の表紙や訴状の写しに記載された「事件名」に目を通す。お題6の起案例の場合であれば，まずは「貸金請求事件」が来たのだな，と理解し，その後に訴状を読むことになる。ところが，この添削前の起案例には，「これを信用した原告は」という言葉が複数回登場しており，最後の部分には，「被告が原告に対し，金銭を借り受けるために説明した話は，全て虚偽であった。」とまで書かれていて，これらの記載部分に着目すると，この事件は，貸金の事案ではなく，金銭を騙し取られたことを理由とする不法行為に基づく損害賠償の事案ではないのか，と思ってしまう。あくまでも貸金請求としての請求でいくというのであれば，牧田弁護士の解説にもあるとおり，要件事実が足りていない。その結果として，裁判官は，書記官を通じて，原告代理人に対し，請求原因事実について補正を促すことになり（場合によっては，事件名を「損害賠償請求事件」に変更すべきかどうかを打診することも考えられる。），期日指定をする前の段階で，手間をかけさせられることとなる上に，「この原告代理人は，今後の訴訟手続においても，果たして信頼していいものだろうか？」という疑念（？）を抱くこともないわけではない。初めてお目にかかる原告代理人となれば，裁判官は，当該代

理人に対して，必ずしも良いとはいえない第一印象を持ってしまうことになりかねないので，気を付けていただきたいと思う。

2 本人の意向を書面に反映させる際の苦労は大きいと察するが……

　原告代理人は，原告本人が訴状に記載して裁判官に伝えたい内容を把握し，その中から，訴状に記載すべき事実を抽出することについて，理論面での検討に頭を使っておられる上に，抽出の結果としてそぎ落とすことになった事実について，何故にそれらをそぎ落とすことになったのかを原告本人に説明し，納得を得ることにおいても，相当の苦労をされていることと思う。原告本人に対して冷たい態度で「これらの事実は裁判には必要ないから，書かないのだ。」と切って捨てるような言い方をしてしまうと，信頼関係にひびが入るどころか，解任問題に発展しかねないのであって，弁護士としては，依頼者本人の希望をできる限り汲み取ることに配慮すべきことは当然である。しかしながら，本人の希望する事項をなんでもかんでも盛り込むという訴訟活動をすると，裁判官としてはあまり良い印象を持たなくなることも事実である。弁護士によっては，主張書面において，「裁判においては必ずしも必要ではないと思える事項ではあるものの，盛り込まざるを得ないので書かせてもらった」という思いが伝わってくるような文章を書く人もおられる。それを露骨に書くとこれまた本人との信頼関係に悪影響を及ぼしかねないが，弁護士の中には，そのあたりをうまく処理している人がおられるのも事実であり，先輩の弁護士等からアドバイスを受けて，腕を磨いていただく他はあるまい。

　訴訟物の選択については，現実の事件をみると，これは貸金契約を締結したという事案なのか，金銭を騙し取られたという事案なのか，どちらにも当てはまる可能性を有しているという微妙な事案も，決して少なくない。原告代理人としては，原告本人を勝訴させるためにいかなる訴訟物を立てて主張・立証を展開していくか，腕の見せ所といえるのであり，そのキーポイントとなるのが，正に主論にあるところの，本人の希望ないし意思と，立証の難易度ということになるのであろう。この点に関しても，日頃から腕を磨くよう努力していただ

くしかないが，本人の意向のみをもって訴訟物を選択するようなことはせず，お題6において牧田弁護士が説いているところを参考にしていただきたい。

　なお，訴状に限らず主張書面においては，くれぐれも，「裁判官，私は不幸な人間ですので，お助けください。」的な記載は避けていただきたい。訴状を含め，当事者の主張書面は，感情に訴えることが求められているものではない。裁判官は，救うべき当事者は救うが，「お涙ちょうだい」的な主張書面を読むと，逆の意味で「偏向的な感情」を持つおそれもないわけではない（私に言わせれば，裁判官としては，そのような書面を提出してきたことをもって，その当事者に対して不利な扱いをするようなことは通常はしないはずであり，感情的な要素によって事実認定や結論が左右されるようなことは，逆の意味においてもあってはならないと考えるものではあるが，当事者の側でも，危険を避けることを心がけていただきたいと思う。なお，前著『民事裁判手続』68・69頁参照）。

3　間接事実を書くべきか書かざるべきか，それが問題だ

　牧田弁護士も，訴状の段階で何をどこまで書くべきかを常に悩んでいるようであり，私に対して，裁判官は，生の情報に接した方が事件を把握しやすいのか，それとも要件事実以外の事実が主張されて紛糾するのは困るのかといった問いかけをしているので，回答しなければならない。しかし，間接事実については，「当該事案を裁判官に理解させるのにふさわしい程度に盛り込む」というのが落ち着きどころとしてよいのではないかと考えている（非常に抽象的な回答であり，現実の場面では，個別具体的に検討して欲しいと回答しているに等しいが……。実は，この点については，前著『民事裁判手続』68頁で書いたところである。）。

　「不都合な事実」に関して，牧田弁護士が提示した3とおりの方法いずれを選択するかについても，事案ごとに判断していく他はないと思われるが，お題6に関していえば，被告の三原さんがLINEで200万円の返済義務を認めている以上は，これを提出しないのはもったいないように思われ，また，このLINEの記載内容であれば，弁済期について分割弁済の合意をしたものではな

いとの説明をしても通用すると思われるのであり，牧田弁護士の判断は正当だと思う。この点については別の意見も想定されるところではあるが，むしろ大切な点は，牧田弁護士がそれに続けて書いているように，「事実は何かを注意深く探り当て，そこから外れたことは書かないということ」と，「不都合な事実からも，目を背けないこと」，私なりに言い換えれば，不都合と思える証拠が出てきた場合には，裁判官に対して，その証拠を自分の側の主張に取り込んだ上で合理的な説明ができるような態勢を整えておくことである。そのためには，お題6にあるとおり，その証拠が生まれるに至った事情を当事者に確認することが必要であり，不都合な証拠やそれから導かれ得る事実について，「とりあえずなかったことにしよう」で済ませようとしてはならない。後に相手方当事者からその点について突っ込まれたとしても，ぶれることなく説明ないし反論ができるようにしておくことが大切である。このような場面に出くわした際に，慌てふためいて合理的な説明ができない状況に陥ってしまうと，体勢を立て直すことに時間と労力を費やすことになってしまうのであり，そうならないように事前に対策をとっておくことが必要である。

4　金銭債務が遅滞に陥る時期を正しくつかんでいるか？

　遅延損害金の起算日については，やはり，何故にこの日をもって起算日としているのかが理解できない訴状がまま見られる。

　実際にあったケースであるが，原告が，被告の実父との間で，被告の実父から金銭の贈与を受ける旨の合意をしたものの，被告の実父が死亡して，原告がその法定相続人である被告に対して上記の贈与契約の履行として金銭の支払を求める訴訟を提起した。そして，遅延損害金の起算日については，被告の実父との間で締結された贈与契約において弁済期についての合意があったとの事実は主張されず（口頭による合意であり，書面はない。），なんと，被告の実父が死亡した日の翌日をもって起算日とされていたのである。もともと贈与契約の成立自体が認定できない事案ではあったが，弁護士が訴状を作成するに当たっては，起算日について法的根拠を説明できるようにしておいてもらいたい。

また，損害賠償を請求する事案において，請求原因を債務不履行と不法行為の２本立てとするケースもよく見られるが，この場合，遅延損害金の起算日が同一になるとは限らない。ところが，不法行為については不法行為のあった日であると特定し（実際には，不法行為の場合も，いつをもって「不法行為のあった日」といえるかが微妙な事案も少なくない。この点は，弁護士の読者の方々ならば，「確かにそうだ。」と理解していただけよう。），債務不履行についてはこれと同一の日であるとあっさり決め付けていることが少なくないが，債務不履行に基づく損害賠償請求権は，期限の定めがない債務となる場合も少なくないのであって，必ずしも不法行為に基づくそれと同一の日とはいえないことに注意していただきたい。

　この点は，つまるところ，金銭債権における弁済期ないし付遅滞の時期を正確に把握しているかどうかの問題といえよう。実務においては，分割弁済の定めのある事案において，途中に不履行があったとの一事をもって，残金の一括弁済を求めている事案を目にすることがあるが，その中には，期限の利益の喪失の要件とその具備について全く触れていないという事案もある。弁済期の点は，意外に裁判官の側も見落としてしまうことがあり，弁論終結後に判決を起案する際になってようやく気付くということもないわけではない。裁判官がミスをすることのないように，弁護士の側でも気を付けていただきたい（責任転嫁の意図が見え見えであるが……）。

5 予備的請求としての不当利得における「法律上の原因がないこと」とは

　お題６の内容から外れるが，貸金請求と不法行為に基づく損害賠償請求が問題となっていることに関して，一つ付け加えておきたい。

　書面の書き方そのものの問題ではないが，このようなケースに関しては，貸金契約も不法行為も認められない場合に備えて，不当利得に基づく金銭の返還請求を予備的請求として加えてくることがある。そして，不当利得の要件である「法律上の原因がないこと」の主張立証責任をいずれの側が負うかについては，争いがあるところ，実務としては不当利得金の返還を求める側が負うとさ

れ，また，その主張・立証すべき事実については，諸々の契約または事務管理等の金銭の取得の法的原因となる事実の全てについての不存在を主張・立証する必要はないとされているが，主張書面に記載される例としては，「主位的に主張した貸金契約，不法行為のいずれも認められないとすれば，法律上の原因がないことになる。」と主張するにとどまることが少なくない。しかしながら，このようなケースで「法律上の原因がないこと」を主張するには，契約の締結，不法行為とは異なる事実経過をたどった結果として，原告が損失を被り，被告が利得を得たということについての具体的な事実を摘示することを要するのであって，「主位的請求に係る法律要件事実がないから」では主張として足りないことを，理解しておいていただきたい。

訴状　その2
―損害賠償請求（交通）事件

あなたは，弁護士会の交通事故相談会で松田日乃さんから次の相談を受けた。

「今年（令和2年）の4月26日，私は仕事の帰りに事故に遭いました。お互い車の事故です。相手は豊田昴さんという人です。」

「事故現場はT字交差点で，私は直進，相手は右折です。私が走っていた道路は広い道で，私から見て交差点の左側に細い道がつながっています。豊田さんの車は対向車線の右折レーンにいました。」

「私の信号は青でしたので，私が交差点を通過しようとしたところ，豊田さんの車が突然右折を開始して飛び出しました。私は「危ない」と思ってとっさに急ブレーキをかけたので，豊田さんの車と軽くぶつかった程度で済んだのです。豊田さんの車は右折途中で私の車に気が付いたようで，交差点の真ん中で止まっていました。」

「警察は私が呼びました。駆け付けた警察官は，お互いから事情を聴いた上で，怪我がないなら，後は保険屋さんと話をしてください，と言って帰りました。」

「豊田さんは警察官に対し，『右折先の横断歩道に人や自転車が複数いたので，その列が途切れるタイミングを見計らっ

ていた，対向車が接近していたことは見落としていた。』と
話していました。しかしその後保険屋さんを通じて，ぶつ
かったときの信号は黄色だったと主張しています。」

「ぶつかった場所は，私の前バンパーと相手の前左角です。
私の車の修理代は，バンパーの交換などで，7万200円です。
修理代はすでに私が自費で払いました。」

「金額よりも，豊田さんが後で話をひっくり返したことに
納得できません。それに，豊田さんは信号を見ていないはず
です。黄色だったということはあり得ません。」

　あなたは，松田さんの保険に付いている弁護士費用特約を
使って受任し，交渉を行った。あなたは松田さんと相談の上，
過失割合を2対8と主張した。しかし相手方保険会社は信号
は黄色であり，過失は7：3であると主張し，話し合いで
解決がつかなかった。なお，お互いの車にドライブレコー
ダーは付いていなかった。

　そこであなたは訴えを提起することとし，松田さんから聞
き取りをしたところ，次の事実で間違いがないという。
　①　当時時速45キロメートルで走行していた。
　②　交差点のずいぶん前（50メートルくらい前）に，豊田
　　　さんの車が右折レーンに止まっているのを見た。
　③　青信号なのでそのまま交差点に入ろうとした直後，い
　　　きなり豊田さんの車が右折を開始したため，危ない，と
　　　思いすぐに急ブレーキをかけた。危ないと思った瞬間，
　　　信号は青だったと思う。
　④　ぶつかった場所は，交差点のほぼ中心。ぶつかった時
　　　は正面にあった豊田さんの車をずっと見ていたので，信

号の色は覚えていない。

　　その他，調べたところ，事故現場の直線道路は最高速度が
時速 50 キロメートルに制限されていること，また事故当時
の天候は晴れであったことがわかった。

　　以上を踏まえ，訴状を作成してみよう。

　　また，上記に補足して更に調査や確認をしておくことがあ
るだろうか。

添削前の起案例

訴　　状

令和 2 年 11 月 3 日

東京簡易裁判所　民事部　御中

　　　原告訴訟代理人　弁護士　学　陽　太　郎

当事者の表示　別紙当事者目録〔略〕記載のとおり

損害賠償請求（交通）事件
　　訴訟物の価額　　　　　　　金 7 万 200 円
　　貼用印紙額　　　　　　　　金 1000 円

請求の趣旨

1　被告は原告に対し，金 7 万 200 円及びこれに対する本訴
　状送達の日の翌日から支払済みまで年 3 分の割合による金員
　を支払え。
2　訴訟費用は被告の負担とする。
3　仮執行宣言。

請求の原因

第1　当事者
　1　原告は，次の自動車の所有者であり，後記事故当時，同
　　車両を運転していた（甲第 1 号証）。
　　　普通乗用自動車　〔以下略〕
　2　被告は，後記事故当時，次の自動車を運転していた。
　　　軽自動車　〔以下略〕

第2　交通事故の発生

　　被告は，原告との間で次のとおり交通事故を起こした（甲第2号証）。

1　日時　令和2年4月26日　午後6時15分頃

2　場所　東京都○○市○○町3丁目4番5号先交差点

3　事故態様

　　本件事故現場は，広い直線道路と，細い道路が一方向で接続するT字交差点である（甲第3号証）。

　　原告は広い直線道路を走行し，交差点を直進しようとした。原告が青信号で交差点に進入しようとしたところ，対向右折車線に停車していた被告車両が突然右折を開始した。原告はその直後に急ブレーキをかけたが，間に合わず，原告車と被告車が衝突した。なお被告車は右折途中で交差点内に停車した。

　　衝突した箇所は，原告車の正面バンパーと被告車の前左角バンパーである。

第3　被告の責任

　　被告は事故後，警察官に対し，右折先の横断歩道の歩行者や自転車の通行が途切れるタイミングを気にしていた，それらがいなくなったときに対向車線を確認しないで右折を開始してしまった，と述べており，被告の前方不注視により本件事故が発生したことは明らかである。

第4　損害

　　本件事故により，原告車は前部バンパー交換等の修理を行った。その金額は7万200円（税込み）である。

　　令和2年5月29日，原告は自車の修理代全額を支払った（甲第4号証）。

第5　結論

　　よって，請求の趣旨記載の判決を求める。

POINT 1
主張に曖昧な部分はないか？

POINT 2
事故態様は具体的か？

POINT 3
注意義務の特定は法律家の仕事。

証拠方法

甲1　自動車検査証
甲2　交通事故証明書
甲3　物件事故報告書
甲4　修理費用領収書

添付資料

1　訴状副本　　　　1通
2　甲号証（写し）　各2通
3　訴訟委任状　　　1通

以上

別紙　当事者目録
　　　〔略〕

起案添削のPOINT

☑ 訴訟物は？　要件は？

訴状を作成する前に，訴訟物を確認しておこう。いうまでもないが，「不法行為に基づく損害賠償請求権」となる。

要件事実も確認をしよう。

民法709条の条文上は，

①　故意又は過失

②　他人の権利又は法律上保護される利益が侵害されたこと

③　損害の発生

④　因果関係

となる。

交通事故が発生して上記③の修理代や治療費が発生したという場合は，通常②も肯定される（②の違法性も基礎づけられる）ため，②を独立して論じる必要はないとされている。②が問題になる裁判はなんだったろう……と思い返すと，古きは「桃中軒雲右衛門事件」「信玄公旗掛松事件」，近時では日照権や人格権，騒音における受忍限度論などが思い浮かぶ。これらの訴訟では，権利侵害があったかどうかや，保護法益が違法に侵害されたかどうかという点が問題になる。これと対比させれば，交通事故のように人が死亡したり怪我をしたり，物が壊されたりしたということは本来あってはならず，要件事実として独立して論じる必要はやはりないだろう……と一応頭の中を整理しておくと安心だ。

交通事故では，どのような交通事故が発生したのかということと，その原因である過失をきちんと主張しなければならない。

交通事故の要件事実を整理すると

①　交通事故の発生

②　被告の故意又は過失

③　損害の発生

④　因果関係

となる。

☑「交通事故の発生」をどの程度書くか

では，交通事故の発生をどの程度詳しく書くか。

これは，事故原因は何かにつながる話であり，慎重に書かなければならない。

更に言うと，書き方の問題だけでなく，書く前に，事故原因が何かを特定しなければならない。

例えば，お題のような右折・直進接触事故においては，直進車の速度や直進車が事故地点から何メートル手前にいた時に右折車が右折を開始したのかがわからなければ，直進車の鼻先で右折したのか，あるいは右折行為に問題はないが直進車が異常に加速した結果事故に至ったのかで，賠償責任のあり方が全く変わってくることもある。また，過失割合について『別冊判例タイムズ』の基準に則れば，直近右折なのか既右折なのかで過失割合が変わってくる。

訴状を書き始めて，何か書きづらい，と思うことがあるならば，これらの情報が不足しているため事実が確定できていないという可能性がある。この場合は訴状作成をひとまず中止し，再度事故の調査や分析をした方がよい。「せいては事を仕損じる」し，「急がば回れ」ばゴールは案外近い。くれぐれも，このあたりを曖昧なまま，言葉のレトリックだけで誤魔化そうとしてはならない。

☑ 曖昧？　レトリック？　誤魔化し？

添削前の起案例を見ていただこう。第2−3の事故態様で「原告が青信号で交差点に進入しようとしたところ」とある。これを読んで，何を思い浮かべるだろうか。書き手としては，松田さんの車が青信号で交差点に進入するという場面を想像して書いている。または，読み手である裁判官が，そう思ってくれるように，悪く言えば誤魔化しながら書いている。ところが，松田さんが青信

号だったと最後に確認をしたのは，危ないと思って急ブレーキを踏む直前である。松田さんは「青信号なのでそのまま交差点に入ろうとした直後」と述べているので，上記のとおりに書いても間違いではない。しかし，被告からするとこの点はシビアに考えるはずである。曖昧な部分はすぐに追及されるだろう。または，曖昧な部分をそのままにして，尋問で徹底的に崩し，原告の主張を崩壊させるかもしれない。ということである。

☑ 自分で図面を作成してみる

　文章術の前提として，その材料集めの話を少ししよう。

　交通事故の場合，先に述べた事故現場の状況や「この場所で被告車が飛び出してきた」「この場所でブレーキを踏んだ」「衝突した場所は×印」「被告車が飛び出してから×まで○○.○メートル」などという特定をする証拠としては，まず警察の実況見分調書を思い浮かべるだろう。

　人身事故であれば，時間をかければ実況見分調書を入手することができる（もちろん，その正確性は吟味しなければならない。）。問題は，お題7のような物損だけの事件である場合である。実況見分調書は人身事故，すなわち自動車の運転により人を死傷させる行為等の処罰に関する法律等に違反するという刑事事件の捜査として実施されるのであるから，過失の物損事故では実施されない。その代わりに警察官による物件事故報告書が作成される。これは弁護士法23条の2により入手できる。しかし見ればおわかりになるだろう。同報告書は現場を計測していないし，当事者からの事情聴取も詳細ではない。図面も「概念図」程度である。

　警察が作成した図面がなければどうするか。必要であれば依頼者や目撃者から話を聞いて，現地を計測したり写真を撮ったりして自分で図面を作成するしかない。また，依頼者の話は，鵜呑みにするのではなく，それが客観的な証拠（衝突の部位や程度）や時間などと一致するかを確認する。特に，依頼者から距離について聞き出すときには，簡単に誘導をしない方がよい。お題7でも松田さんに「衝突する手前，何メートルくらいの場所から被告車が飛び出してきまし

たか。」と質問したとしても，「さあ，わかりません。」と言われるだろう。私を含め，一般人は普段距離を意識して生活をしていない。まして運転席に座って高速移動をしている状態で把握する距離と，実際の距離はずれているものだ。「さあ，わかりません。」という方が正しいのではないだろうか。

　私が司法試験受験生だった頃，大学の法職過程教室で講義を担当されていた元刑事裁判官が，目撃証言の信用性の話をする中で，「諸君らは戦争を知らないから，距離感がない。」という話をされていた。自分の世代は，軍隊では砲弾の着弾点を正確に把握するため，目測で距離を測る訓練をさせられた，だから何メートルということもみればわかる，しかし今の人はそういう訓練を受けていない，だから証言なんかで「〇〇メートル離れていました。」と言われても，本当に正確なのかねえ，という話である。確かに，現代でそのような訓練はしないし，地図を読まずにスマートフォンやカーナビに導かれて移動している私たちは，距離の感覚が退化しているかもしれない。目測で距離を測るのは，腕の良いゴルファーか，土木技師やベテランの不動産関係者などであろう。

　距離に自信がある，という方，試しに自宅の門から２本先の電柱までの距離を目測で測り，その後メジャーなどで実際に測ってみよう。人の感覚がどの程度確かなのか，知ることができる。

☑ 距離の特定方法

　松田さんが普通の人と同じように，目測に関する訓練を受けていない，という場合，被告車が飛び出したときの原告車の位置の特定はどうするか。

　次の方法で併せて特定してみてはどうだろうか。

① 車内からの眺め

　　直進していたところ対向車が飛び出してきて，危ない，と思ったのであるから，「危ない」の瞬間に見えた眺めから場所を特定する。

　　一番良いのは松田さんに事故当時の車を運転してもらい，それをビデオやドライブレコーダー（事故を機に設置したという人は多い）で撮って特定をする。または，あなたの車にドライブレコーダーが付いているのであ

れば，あなたが現場を走行した後にその動画を松田さんに見せて特定をしてもらうのでもよいだろう。

② 車速から停止距離を求める

　松田さんはブレーキをかける前に，時速45キロメートルの速さで走行をしていたというのであるから，そこから「危ない」と思ってから停止するまでの距離，すなわち停止距離を計算により求めることができる。読者の皆さんも研修所などで一度はこの計算をやってみたことがあるだろう。以下，空走時間を0.75秒，晴天時の摩擦係数を0.7秒として計算をしてみる。

　　停止距離＝空走距離＋制動距離
　　空走距離＝速度（秒速）×時間（秒）
　　　　　　＝45,000m÷3,600秒×0.75秒
　　　　　　＝9.4m
　　制動距離＝時速×時速÷（254×摩擦係数）
　　　　　　＝45×45÷（254×0.7）
　　　　　　＝11.4m
　　停止距離＝9.4＋11.4＝20.8m

　お題7では，松田さんも豊田さんも怪我をせず，かつ車の損傷も軽微であるため，衝突時の松田さんの車速はほぼゼロであったと考えられる。そうであれば，松田さんが「危ない」と思った地点はほぼ停止距離である約20メートル手前と推測できる。

　このほか，危ないと思ってからぶつかるまでの秒数を計測したり，実際に依頼者と事故現場に行って確認をするなどして，上記検討に間違いはないかを確かめる。

　このようにして，まず事故現場付近の図面を作成する。すると相手方の過失だけでなく依頼者の過失も見えてくる。この点は依頼者に検討結果をきちんと伝え，事件の見通しや処理方針について相談をするとよい。お題

7では，青信号であれば『別冊判例タイムズ』では過失割合は2対8となる。依頼者によかれと思って停止距離を短くとって，直近右折だと主張しても，その距離で右折に気が付いてブレーキを踏んだのであれば，もっと激しくぶつかっていたはずだと指摘されるなど矛盾を露呈しかねない。無理に事実を曲げてしまうと，後で足元をすくわれることになる。

☑ 現地調査のコツと必須アイテム

交通事故現場の図面を書くためには，どうしたらよいだろうか。

私たちは警察のように，道路を通行止めにして道路の幅を測ることはできない。横断歩道で待ち構えて，青になった瞬間にさっと測るしかない。一人で現場に行く場合はメジャーの片方を持つ人がいない。

このように，われわれの現場調査は制約だらけである。そのため，計測する場所や地点をあらかじめ決めておく必要がある。それは，事件に応じて変わってくるだろう。例えば，交差する道路の優先関係が問題になるなら，きちんと幅員を測ったり，交差点の中央まで中央線が引かれているのかを確認する。すれ違いざまの接触事故であれば，側溝や路側帯，交差点の隅切りの形状やサイズまで測る必要がある。そのような事前準備のためには，インターネットの地図や空中写真が参考になる。これらを参考に事前に現場図を下書きし，どの場所を計測するかを決めて現地に行こう。その上で現場を計測すれば，短時間で正確な図面が作成できるだろう。

なお，インターネットの地図や写真をそのまま証拠として提出するというケースも時折見られる。しかし，可能であるならば現地に行っておきたい。

現地を計測する場合，二人でメジャーを持って道路でしゃがんで……とやっていると，歩行者や自転車の邪魔になるし，事故に巻き込まれる可能性がある。私は，ウォーキングメジャー（車輪がついていてコロコロ回して距離を測る道具）を使っている。立ったまま，さっと測ることができるのでとても便利である。1万円弱で売っているので，事務所に一台備えておこう。

そして，現地を調査するときは，他の交通の妨げにならないようにするこ

と。また事故に巻き込まれないように注意をすること。それから，現地の写真は多めに撮っておこう。その場では位置関係を理解した気になっていても，後で事務所に帰って考えるとわからないことが出てくる。更に，折角現地に行くのであるから，お題7のように信号の色が争点になる事件では信号サイクル表も作ってしまおう。そのためのストップウォッチも持っていく。

☑ 図面の作成と分析

　以上，随分回り道をした。しかしここまでの事前準備ができていれば図面作成は難しくない。作成方法はいろいろあるだろう。パソコンを使って器用に作図をする人もいるかもしれない。私はそこまでのスキルがないので，方眼用紙に定規を当てて，手書きしている。その際，縮尺は合わせるようにする。

　交通事故の現場図面ができたら，依頼者と一緒にこれまでに調査した結果を図面に反映させていく。衝突した場所や相手が飛び出してきたのを目撃した場所，信号を確認した場所など，図面と写真で確認をしていく。そして，その特定の過程を，メモに記録しておくべきである。例えば，相手が飛び出してきたのを目撃した場所は，運転席からの風景で特定したのか，事故発生までの時間で特定したのか，計算で求めて確認をしたのか，など。訴状の段階では必要はないと思うが，後に場所が争点となった場合にはその根拠を説明する必要がある。そして，図面が完成すると，事故における相手の過失（注意義務違反）が見えてくる。

　また，相手の主張の当否や反論も見えてくる。例えば，お題7では信号機の色が争点となりそうである。『別冊判例タイムズ』の基準では，青信号であれば松田さんの過失は2割，豊田さんの過失は8割となる。ところが黄信号であれば松田さんは7割，豊田さんは3割となり，逆転してしまう。「信号の色なんて，どうせお互い平行線でわからないですよね。」と，投げやりな松田さんの声が聞こえてきそうだ。松田さんには今後のためにドライブレコーダーの装着を勧めつつ，今回は図面をもとにきちんと主張，立証をすることを説明する。

　松田さんは危ないと思ったときに信号が青であることを確認している。その

距離は計算などにより事故現場手前約 20 メートルと求められた。仮にその直後に信号が黄色になり，衝突時の信号は黄色だったと仮定しても，松田さんが 20 メートル手前からブレーキをかけて交差点の停止線で安全に停止することは困難であろう。松田さんが上記地点で青信号を見たという事実が立証できれば，豊田さんにより衝突時の信号が黄色だったということが立証されても結論は変わらないだろう，ということを見通しとして持っておくと気が楽だ。また当事者尋問でも，やみくもに信号の色を聞くのではなく，どの時点で信号を見たのかを意識して尋問することができる。

POINT 2

☑ ようやく「交通事故の発生」を書く

以上の回り道をへて，ようやく「交通事故の発生」を起案する。材料が揃っているのであるから，後はプラモデルを組み立てるように，文章化する。

添削後の起案例では，現地調査でわかったことと，事故原因や被告の過失につながる部分を中心に書いている。添削前の起案例の第 2 - 3 と添削後の起案例の第 2 - 2 (2) を比較して欲しい。曖昧だった部分が明確になり，被告においても認否をしやすいだろう。

現場の状況は，別紙図面のとおり，と書いても間違いではないと思う。しかし，添削後の起案例では詳細に書いてみた。これは被告において認否をするように求め，もし「認める」や「不知」であれば，判決で争いのない事実として使ってもらおうという意図がある。原告側で作成した図面について，被告側で認めたということになれば，図面の信用性も全体として高まることを期待している。

POINT 3

☑ 被告の責任＝過失をどう書くか

さて，もう一つの大きな要件である，被告の過失について検討しよう。添削前の起案例のように，被告の前方不注視だ，といっても間違いではないし，意

味は通じる。お題は簡易裁判所の手続なので，本人訴訟が前提とされており，一般の当事者であればその程度でも問題はないだろう。しかし，法的に物事を処理するのであれば，きちんと条文から考えておきたい。

　ただ困ったことに，条文に戻っても，「過失」としか書いていない。過失とはなんだろう。簡単にいえば「その人に求められる注意義務に違反したこと。」となる。車の運転に基づく義務についていえば，「自動車の運転者として求められる注意義務に違反したこと。」であるし，医者であれば「医師として求められる注意義務に違反したこと。」となるだろう（実際はもう少し複雑である）。そして困ったことに，自動車の運転者として求められる注意義務は，たくさんある。免許を取得してから運転しなさいから始まって，赤信号では止まりなさい，夜はライトをつけなさい，飲酒して運転をしてはいけませんなど。つまり，交通事故訴訟において「被告は，自動車運転者として求められる注意義務を怠った」と主張するだけでは，たくさんある過失のどれを主張しているのか，特定されていないことになる。そのため，原告側で事故に関連する注意義務を特定しなければならない。この点が，過失関連の裁判の難しいところかもしれない。

　しかし，一般の交通事故であれば，自分で注意義務をひねり出す必要はない。裁判例や道路交通法などを調べ，事故に対応した注意義務を使えばよい。

　難しいのは，その事故原因に適合する注意義務違反を特定することだろう。例えば，添削後の起案例第3では，「交差点を右折するに当たり，対向して直進する車両の進行を妨害しないよう安全を確認する義務」とした。これは，安全を確認していれば右折をしなかったはずであり，事故も起きなかったと考えられるからである。仮に，豊田さんが松田さんの車の接近を認識しつつ，「いけるだろう。」と飛び出してしまった場合はどうか。細かく言えば判断ミスということになるだろうが，そこまで細かく主張しなくても「対向して直進する車両の進行を妨害しないようにする義務」でよいと思う。同様に，豊田さんが右折待ちで停車中，後部座席の荷物をとろうとして体をよじった拍子にブレーキを離してしまい，オートマ車のクリープ現象で飛び出してしまった場合はどうか。前方も見ていないが，前方不注視と飛び出しは関係がない。むしろフットペダルを踏み続けて停止を維持すべきところ，ペダルを離してしまったとい

う操作ミスが原因となるのだから,「対向して直進する車両の進行を妨害しないよう,自車を適切に操作する義務」となるだろう。もっと詳しく,と言われたら「ブレーキを踏み続け,停止を維持すべき義務」となる。では,右折待ちの間に居眠りをしてしまい,ブレーキを離した場合はどうか。これは,起きていれば防げたというべきだから,運転中に居眠りをしない義務,となるだろう。

　注意義務は,特定が過ぎると「そんな義務あるの?」となるし,抽象的にすぎると「もっと特定して」と言われる。そのちょうどよいところで折り合いをつける必要がある。ただ,上記のようにひとつひとつ注意義務を分解し,それが事故と結び付いているかを考えれば,わかりやすいのではないだろうか。

　そしてこの考えは,医療事故などでも応用できる。大切なのは,過失や注意義務違反を曖昧なままにせず,丁寧に考えて言葉で説明していくことである。

☑ その他注意事項あれこれ

　損害論については,訴状の段階で争われることはあまりないため,添削後の起案例でもあっさり書いた。とはいえ,修理の内容がわかる修理明細書を証拠として出すくらいはしておいた方がよいと思う。

　また双方車両の損傷部位に関する写真も,できれば提出する。依頼者の車の写真は自分のスマートフォンで撮影していることもあるが,そうでなければ修理工場が撮影している。いずれもない場合,双方の保険会社で車両修理代に関する協定が成立している場合は,依頼者車両の損傷状況に関する写真は相手方保険会社が,相手車両の写真は依頼者保険会社が持っている。交渉の段階で提出を依頼するとよい。

　証拠については,お題6で指摘したとおり「別紙証拠説明書記載のとおり」としたいところである。今回は提出証拠について比較するため残してある。添削後の起案例では,現地調査報告書で写真と図面を提出している。いずれ出すなら早めに出して,こちらの主張をビジュアル面からも確定させるのがよい。

　最後に,遅延損害金の起算点と利率に気を付けよう。平成29年改正民法で利率が変動するので,古い起案データを使い回すと利率を間違えることもある。

訴　　状

令和2年11月3日

東京簡易裁判所　民事部　御中

原告訴訟代理人　弁護士　　学　陽　太　郎

当事者の表示　別紙当事者目録〔略〕記載のとおり

損害賠償請求（交通）事件
　　訴訟物の価額　　　　　　　　金7万200円
　　貼用印紙額　　　　　　　　　金1000円

請求の趣旨

1　被告は原告に対し，金7万200円及びこれに対する令和2年4月26
　日から支払済みまで年3分の割合による金員を支払え。
2　訴訟費用は被告の負担とする。
3　仮執行宣言。

請求の原因

第1　当事者
　1　原告は，次の自動車の所有者であり，後記事故当時，同車両を運
　　転していた。
　　　普通乗用自動車　〔以下略〕（甲第1号証）
　2　被告は，後記事故当時，次の自動車を運転していた。
　　　軽自動車　〔以下略〕

第2　交通事故の発生
　1　交通事故の概要
　　　被告は，原告との間で次のとおり交通事故を起こした（甲第2号
　　証）。
　(1)　日時　令和2年4月26日　午後6時15分頃

（2）　場所　東京都○○市○○町3丁目4番5号先交差点

（3）　交通事故の概要（甲第3号証）

　　　原告車が交差点を直進しようとしたところ，対向右折車線で右折待ちをしていた被告車が，突然右折を開始して原告走行車線に飛び出してきたため，原告車と被告車が衝突した。

2　交通事故の詳細（甲第4号証，別紙図面〔略〕）

（1）　事故現場の状況

　　　本件事故は，南北に延びる片側一車線，合計二車線の道路と，センターラインのない狭い道路が西から延びて接続するT字型交差点（以下「本件交差点」という。）で発生した。

　　　本件交差点は信号機による交通整理が行われている。

　　　本件交差点の北側には，二車線道路から狭い道路へ進入するための右折車線がある。なお右折の青矢印信号はない。

　　　南北へ延びる道路の幅員は，南進車線及び北進車線ともに，歩道から路側帯までが約1メートル，路側帯から中央線までが約3．6メートルである。そして右折車線が約3．6メートルである。

　　　本件交差点から西へ延びる道路は，中央線はなく，両側の路側帯からの幅員は約5メートルである。

　　　南北へ延びる道路は，時速50キロメートルの速度規制がなされている。

（2）　事故に至る経緯

　　ア　原告は，南北に延びる道路を，南から北へ走行していた。この時の速度は時速約45キロメートルであった。

　　イ　原告は本件交差点手前約50メートル付近で，本件交差点の対向右折車線に停車している被告車を認めた（別紙図面①地点〔略〕）。

　　ウ　原告が本件交差点手前約20メートルに差し掛かった時，突然被告車が右折を開始した（別紙図面②地点〔略〕）。この時の信号は青であった。

　　エ　驚いた原告は衝突を回避するため直ちに急ブレーキをかけた。被告も右折を中止したが，すでに車体が原告走行車線にはみ出していた。そのため，止まり切れなかった原告車と衝突した（別紙図面×地点）。

　　オ　衝突した箇所は，原告車の正面バンパーと被告車の左角であ

る（甲第5号証，第6号証）。
　(3)　被告の警察官に対する説明
　　　　事故後，被告は警察官に対し，右折先の歩行者が途切れるタイ
　　　ミングを気にしていた，歩行者がいなくなったときに対向車線を
　　　確認しないで右折を開始してしまった，と説明している。
第3　被告の過失
　　　車両の運転者は，交差点を右折するに当たり，対向して直進する
　　車両の進行を妨害しないよう安全を確認して右折を開始する注意義
　　務を負っている。
　　　被告は，右折をするに当たり，前方を目視して対向車の安全を確
　　認する注意義務を負っている。しかし被告はこの義務を怠り，原告
　　車が接近した状態で右折を開始し，自車を対向車線に進出させた。
　　　よって被告には，同注意義務違反の過失が認められる。
第4　損害
　　　本件事故により，原告車は前部バンパー交換等の修理を行った。
　　その金額は7万200円（税込み）である（甲第7号証）。
　　　令和元年5月29日，原告は自車の修理代全額を支払った（甲第8
　　号証）。
第5　結論
　　　よって，被告は原告に対し，民法709条の不法行為に基づく損害
　　賠償として，金7万200円及びこれに対する本件交通事故発生日で
　　ある令和2年4月26日から支払済みに至るまで民法所定の年3分の
　　割合に基づく遅延損害金の支払を求める。

証拠方法

甲1　自動車検査証
甲2　交通事故証明書
甲3　物件事故報告書
甲4　現地調査報告書
甲5　原告車両損傷写真
甲6　被告車両損傷写真
甲7　修理明細書
甲8　修理代金領収書

添付書類
1　訴状副本　　　　1通
2　甲号証（写し）　各2通
3　訴訟委任状　　　1通

以上

別紙　当事者目録
　　　〔略〕

裁判官からひとこと

1 注意義務の根拠となるべき事実を的確に押さえるべし

　「交通事故の発生をどの程度詳しく書くかの問題は，事故原因は何かにつながる話であり，慎重に書かなければならない。」「更に言うと，書き方の問題にとどまらず，書く前に，事故原因が何かを特定しなければならない」との指摘は，正にそのとおりである。

　過失を理由とする損害賠償請求の事案については，事故に至るまでの具体的事実を明確に押さえておくことが重要である。被告が違反したとされる注意義務は，被告を取り巻く具体的な事実から導かれるものであるが，この点は，法律の専門家であれば当然理解しているはずである，というか，全員，頭ではわかっていることなのだと思う。ところが，いざ具体的な事件を処理するとなると，その知識が書面に反映されていないケースが少なくない。

　訴状に請求の原因として記載されたところを閲読した結果，事故に至るまでの事実の経緯に関する記載の内容からは，主張されているような注意義務がどのような理由で被告に課せられることになるのかが理解できないことがある。原告代理人にその点について尋ねると，大抵は，原告代理人が事実における詳細な部分をきちんとつかんでいないことが明らかになる。その原因については，原告本人が代理人に対して事実関係を十分に説明していないこともおそらく影響していると考えられ，弁護士に全ての責任を負わせるべきではなかろうが，原告代理人としても，弁護士という法律の専門家という看板を背負っている以上は，積極的に原告本人に対して，事実の詳細について尋ね，確認しておくことを怠らないでいただきたい。

2 図面は，警察官の作成でなくとも役に立つ

お題7に「訴状を書き始めて，何か書きづらい，と思うことがあるならば，これらの情報が不足しているため事実が確定できていないという可能性がある。」とあるが，この点は，裁判官が判決を起案する際にも当てはまることであり，更にいえば，文章を書く際に一般的に当てはまることといえるのではないか。

そこで，原告代理人としては，訴状の作成をひとまず中止し，再度事故の調査や分析をすべきこととなるが，材料集めの具体的な方法については，牧田弁護士がお題7で詳細に説明しているところに従えばよいと思う。本書とは別のお考え，あるいは，材料集めとして別の方法を専ら採用されている弁護士の方がおられるかもしれないが，弁護士の業務に携わっていない者からすれば，お題7の内容に意を差し挟むつもりはなく，また，差し挟む能力もない。いずれにせよ，原告本人から受任した以上は，自分で汗をかいて，正確な情報（材料）を得るように努めることが重要であることは間違いないであろう。

物損事故の場合，証拠として実況見分調書の写しが提出されることは期待できないところ，当事者の側でこれに代わる図面を用意できるかは，実は重要な問題である。弁護士の中には，当事者本人や関係者（目撃者，物損箇所の修理の担当者等）の供述やそれを記載した陳述書の類があれば，図面の類は必要ないとのお考えを持ちの方もおられるかもしれない。しかしながら，図面があるのとないのとでは大きな違いがあり，図面があれば，裁判官が事故についてのイメージを抱くことが相当容易になるのであって，裁判官にとっては，図面は警察官の作成に係るものでなくとも，事案そのものを把握しやすくしてくれる有益な書面といえる。弁護士にとっては，図面を作成するというのはかなり苦労を伴うものであることが推察されるが，原告側，被告側を問わず，是非とも図面の作成を励行していただきたい。

3　位置等の指示説明は，不正確である可能性をあらかじめ認識すべし

　原告本人が目測に関する訓練を受けていないのは仕方がない。また，原告代理人，更には被告代理人，そして裁判官も，目測に関する訓練は通常受けていないものである。そのため，事故現場において原告本人に対し，目撃した地点や運転の操作について判断を下した地点を特定してもらっても，それが必ずしも正確なものとはいえないおそれがあることは，どうしても否定できないものであり，その点は，初めから頭に入れておいて，事案の検討に臨むべきことといえるだろう（逆に，本人が一度特定したものについて，これが絶対的に正しいものであると決め付けてしまうことは，事実を認定するにおいて相当危険なことといえるのではないだろうか。）。

4　インターネットの地図・写真の利用は，当該事案に合うかどうかの検討を

　インターネットの地図や写真をそのまま証拠として提出することについては，現場のおおよその状況を把握するために利用するのであれば問題はないと思うものの，インターネットの写真については，撮影されている現場の状況が，事故当時のそれと変わっている可能性も否定できないので，その点はご注意願いたい。

　また，インターネットの航空写真で2つの地点の間の距離を割り出すことができる機能を用いて，それをプリントアウトしたものを書証として提出してくるケースも見られるが，航空写真の場合，基準となる地点をほんの僅かずらしただけで，距離の値が大きく変わってくることがあり，現地で計測機械を用いて測定した値と大きく異なっていたという事案に遭遇したことがあるので，この点も注意していただきたい（もちろん，現地での計測の結果についても，機械の性能や，当事者または代理人等による機械の操作の過程で誤差が生じている可能性も否定できないが。）。

5 過失（注意義務とその違反）の特定は難しいが，乗り越えねばならぬ

　当該事故の原因に適合する注意義務違反を特定することは，確かに難しい。先に，事故に至るまでの事実の経緯から，主張されている注意義務が導かれる理由が理解できないことがあり，その背景には，大抵，原告代理人が事実における詳細な部分をきちんとつかんでいないとの事情があると書いたが，事実を正確に把握できても，その事案に適した注意義務がいかなるものかを抽出することは，簡単に答えが出せるものではない。訴状で一度特定しても，被告からの反論や，証拠が積み重ねられていくことによって，修正を迫られることもないわけではない。

　この点をうまく処理するには，原告代理人の法律家としての才覚に頼るしかないと思われるが，牧田弁護士の述べているとおり，裁判例や道路交通法等の行政法規の条文が，意外に頼りになるものであるから，こまめに参照していただきたい。

　牧田弁護士は，その上で，注意義務違反を特定することの難しさを説いているが，この点も才覚に委ねるしかあるまい。ただ，牧田弁護士の述べているとおり，一つ一つ注意義務を分解し，それが事故と結びついているかを考えれば，かなりわかりやすくなってくることも確かである。

　裁判手続は，「習うより慣れろ」の要素が大きい。的確に注意義務とその違反の内容を特定するには，具体的な事件の処理を数多く経験すること，経験が少ない段階においては諸先輩から経験を踏まえたアドバイスを受けることで，乗り越えていくしかないのだろう。

答弁書・準備書面

弁護士であるあなたは，古多割益代さんから「裁判所から書類が届いた」という相談を受けている。

裁判所からの書類は，次の訴状であった。

訴　　　状

令和2年12月27日

東京地方裁判所　民事部　御中

原告訴訟代理人　弁護士　　　田　崎　哲太郎

当事者の表示　別紙当事者目録記載のとおり

請負代金支払請求事件
　　訴訟物の価額　　　　　　金330万9200円
　　貼用印紙額　　　　　　　　金2万2000円

請求の趣旨

1　被告は原告に対し，金330万9200円及び令和2年8月11日から支払済みまで年1割4分6厘の割合による金員を支払え。
2　訴訟費用は被告の負担とする。
3　仮執行宣言。

請求の原因

1　当事者
　　原告は給排水・管工事の施工などを業とする株式会社である。
　　被告は原告に自宅のリフォーム工事を依頼した顧客である。
2　建築請負契約の成立と仕事の完成
　（1）　原告と被告は，令和2年6月15日に次の工事請負契約を締結した。

① 仕事の内容　　○○県○○市○○

被告自宅建物リフォーム工事

別紙1基本工事一覧表記載の工事

工期：令和2年6月15日～同年7月30日

② 請負代金　　　450万2900円

③ 代金支払時期　契約成立時に200万円

引き渡し時に250万2900円

④ 遅延損害金　　注文者が請負代金の支払を完了しないときは，一

日当たり年14.6％の違約金を支払う（甲第2号証，第16条）

（2）　原告は令和2年6月21日に工事に着手した。

ところが着手後，上記キッチンの床下が水漏れで腐食していることが判明し，そのため床下工事をしなければならなくなった。また被告の妻は納品されたシステムキッチンは「色が毒々しい。」，和室の天井は，施工後に「気に入らない」，トイレの便器は「流した時の音が大きすぎる。」などと述べ，工事の最中に次々と追加工事や変更を指示した。その詳細は別紙2「追加工事一覧表」記載のとおりである。

追加工事の合計額は80万6300円である。

（3）　原告は令和2年8月10日にリフォーム工事を完成させ，被告に引き渡した。

3　代金の支払い

被告は令和2年6月15日に200万円を支払ったのみで，その余の代金を支払っていない。

本日現在，基本工事残代金250万2900円及び追加工事代金80万6300円の合計330万9200円が未払いとなっている。

4　結論

よって，原告は被告に対し，請負契約に基づき，残代金330万9200円及び代金支払日の翌日である令和2年8月11日から支払済みまで住宅リフォーム工事請負契約約款第14条第2項に基づく年1割14分6厘の割合による遅延損害金の支払いを求める。

〔以下略〕

別紙1　基本工事一覧表

施工場所	施工箇所	施工内容
1階LDK	壁（全面）	クロス貼替え
	天井	クロス貼替え
	システムキッチン	ウィザードMX－7（R）購入・設置
	キッチン背面	被告調達の棚を設置
1階和室	壁（全面）	左官工事
	襖工事	押し入れの襖修理
	天井	化粧板張り
1階トイレ	壁（全面）	クロス貼替え
	天井	クロス貼替え
	便器	ナイアガラRS－Ⅲ（W）を購入・設置
	床	耐水フロア

〔以下略〕

別紙2　追加工事一覧表

施工場所	施工箇所	施工内容
1階LDK	キッチン下	床下工事
	システムキッチン	ウィザードMX－8（W）差額
	キッチン背面	ウィザードMX－8（W）棚
1階和室	天井	天然無垢板張り
1階トイレ	便器	せせらぎピュアT－2（W）

〔以下略〕

弁護士：結構大規模なリフォームでしたね。キッチンや浴槽
　　　　も交換したんですか。

古多割：はい。営業さんから，築30年なので，やるなら水
　　　　回りを交換した方がいい，って勧められて。それな
　　　　のに水回りでもいろいろミスをやってくれました。

弁護士：細かいところは後で伺いますね。まず，原告会社が
　　　　証拠で出している契約書，これはご主人がサインを
　　　　したのですか。

古多割：はい。

弁護士：このとき，この工事内訳書も作成されていましたか。

古多割：はい。工事内訳書は契約のときに一緒に渡されまし
　　　　た。

弁護士：追加工事について，契約をしましたか。

古多割：いいえ。契約書は最初のときだけです。

弁護士：訴状の別紙2は，追加工事の一覧とのことです。床
　　　　下工事とはなんでしょう。

古多割：キッチンを取り外したときに，大工さんが，水漏れ
　　　　で柱が傷んでいるから修理しないとだめだよ，って
　　　　いうので，仕方ないですね，って言いました。

弁護士：システムキッチンは，最初の品番と変更があったの
　　　　ですか。

古多割：変更ではありません。もともと白いシステムキッチ
　　　　ンがいい，って言っていたのですが，契約のときに
　　　　営業さんが書き間違えたのです。納品されたのは赤
　　　　だったのでびっくりして営業さんに電話をしたら，
　　　　『すみません。』となったのです。同じ型番の白はな
　　　　かったので，グレードを上げて設置をしてもらった
　　　　ら，差額が追加工事代です，と言われました。

弁護士：何か証拠はありますか。

古多割：契約前にもらったカタログの，ウィザードMX－7（W）の欄に丸がしてありますね。私が選んで丸をつけて，営業さんに見せました。

弁護士：キッチン背面は，古多割さんの方で棚を用意する予定だったのですか。

古多割：はい。ビンテージな棚を下北沢で見つけたので，これをうちらで買って，大工さんに取り付けてもらう予定でした。でもMX－8は棚と一体で売られているとのことで，営業さんから，値段は同じなので付属の棚を使わないなら廃棄することになる，って言われたので，仕方なくビンテージはあきらめました。これって当然慰謝料ですよね。

弁護士：それも後で検討しましょう。和室の天井板も，化粧板から無垢天然板に変更ですか。

古多割：これは，一度化粧板を付けたのですが，壁と比べて安っぽいんです。大工さんも，なんかちぐはぐだね，左官工事にするなら天井も無垢の天然板の方がよかったね，て言っていました。それで営業さんに電話をして，無垢天然板というのがあるとは聞いていなかった，って言って，こっちに交換をしてもらったのです。

弁護士：トイレの便器は……。

古多割：もともとのタイプは，節水タイプですが強い水流で流すというものです。それで納品後，しばらく使っていたのですが，めちゃくちゃ音がでかくて，夜中に使うと家族皆なが目を覚ますほどです。営業さんに『不良品では』って言ったら，『そんなに気にな

るなら交換すればいいんじゃないですか。』って言われて，交換してもらいました。

弁護士：それで静かになったんですか。

古多割：音は静かになりましたが，あまり流れないんです。ネットの口コミを見たら，せせらぎシリーズは流す力が弱い，って書いてありました。これだったらナイアガラシリーズの方がよかったです。それで営業さんに交換をお願いしたら，もう処分しました，って言われました。

弁護士：これらの追加工事について，金額について説明はありましたか。

古多割：いいえ。全然。最後の日に追加工事の請求書が来たので，これはなんだって夫も怒っていました。

弁護士：システムキッチンなど，差額の請求があるのであれば差額は支払うべきではないですか。

古多割：本来ならそうですが，もともと業者の説明がいい加減で，見積もりもめちゃくちゃなんですよ。見積ミスではないですか。

弁護士：基本工事は，全て完成したのですか。

古多割：いいえ。とにかく手抜き，欠陥なんですよ。壁紙は後ではがれてきたりしています。テレビ番組のリフォーム詐欺に出てくるような悪質工事業者です。

弁護士：それでお金を支払わないのですか。

古多割：当然ですよ。で，8月になっても終わらないし，直して欲しいといったところも直っていなかったのですが，8月10日に突然大工さんが現場を片付けて養生もとっちゃったんです。その日の夕方，営業さんが来て，追加工事の請求書を持ってきたのです。

　　　　だから夫も，そんな会社に金なんか払わない，って
　　　　言っています。

弁護士：どうして工事が終了になったのですか。

古多割：この日朝から夫が大工さんと言い合いをしたのです。
　　　　で，大工さんが営業さんに電話をしたらしく，撤収
　　　　をして，夕方営業さんが来たのです。

弁護士：営業さんは工事個所の確認をしましたか。

古多割：いいえ。営業さんは玄関先で，『社長の指示で工事
　　　　終了です。』って言って，請求書を置いていきました。

　あなたはその後，古多割さんの夫にも同席してもらい，事
情を聞いた。夫は，とにかく妻に任せているので，裁判もお
願いします，とのことであった。

　あなたは夫と委任契約を取り交わし，委任状を受け取った。

　では，訴状に対する答弁書，準備書面を考えてみよう。

　なお，甲2号証住宅リフォーム工事請負契約約款には，次
の条項があった。

第7条　工事を終了したときは，注文者と請負人は両者立ち合
　いのもと，工事目的物を確認し，引き渡しをする。

2　注文者は前項の引き渡し後，請負契約書記載の期日までに
　請負代金を支払う。

第12条　工事の追加，変更をする場合，注文者と請負人は書面
　により合意をしなければならない。

令和2年（ワ）第24680号　請負代金請求事件　直送済
原　告　株式会社サグラダホーム
被　告　古多割　泰造

答　弁　書

令和3年1月19日

東京地方裁判所　民事部　御中

被告訴訟代理人　弁護士　　　学　陽　太　郎

第1　請求の趣旨に対する答弁
1　原告の請求を棄却する。
2　訴訟費用は原告の負担とする。
第2　請求の原因に対する認否

POINT 2

認否と反論，
一緒にする？

1　1項は認める。
2　2項について
（1）　（1）は認める。
（2）　（2）のうち，原告が令和2年6月21日に工事に着
　　　手した事実は認め，その余は否認する。
　　　ア　床下工事
　　　　　既存システムキッチンを撤去した際，大工から被
　　　　告の妻に対し，水漏れをしていて柱が腐っているの
　　　　で，補修をした方がよいと指摘されたのであり，追
　　　　加工事とは言えない。
　　　イ　システムキッチン
　　　　　納品されたシステムキッチンについて，色が毒々
　　　　しい，と述べた事実はない。
　　　　　もともと契約前の打ち合わせで，被告はシステム
　　　　キッチンのカタログを原告から受領した。原告は，

カタログの中からウィザードMX－7（W）（Wは白色を示す。）を選択し，これに印をつけて原告営業担当者に示した。この型番はキッチン本体のみの販売で，棚は別売りであった。そのため被告らは別途部屋の雰囲気に合う棚を探し出し，この取り付けを原告に依頼したのである。

　ところが，納品されたシステムキッチンはワインレッドであった。被告の妻が驚いて営業担当者に連絡をしたところ，同人は当初「見積書に（R）とあるのはレッドであるので，そのとおり納品した。」と言い訳をしていた。被告の妻がカタログを見せると，誤記を認め，交換をすることを約束した。

　しかし，同じ型の白はすでに在庫がなく，すぐ用意できるのは上位機種のMX－8で，これは棚が標準でついてくるとのことであった。自分たちが用意した棚を設置すると，付属の棚は廃棄することになるため，被告はやむなくMX－8の本体と棚を設置することとし，注文していた棚はキャンセルした。

　被告らは，気に入った棚をキッチンに取り付けることができず，精神的苦痛を被った。

ウ　和室の天井板

　1階和室は，左官工事で砂壁で施工された。その後天井に化粧板の天井板が張られたものの，壁と比べて天井が見劣りした。内壁を左官工事で施工する和室はクロス施工よりも手間や費用がかかるため，天井についても化粧板ではなく本物の風合いをもつ天然無垢板などを使用すべきである。

　事前に原告からそのような提案はなく，施工後大工から，左官工事で壁を施工したのであれば天井も天然無垢板を張るのがよいと勧められ，それを伝えたところ原告が交換をしたのである。

エ　1階トイレ便器

　　ナイアガラ RS − Ⅲ（W）が設置され，数日使用し
　てみたものの音が大きく夜中に使用すると家族が目
　を覚ますほどであった。そのため営業担当者に「不
　良品ではないか」と伝えたところ，機種の交換を提
　案され，せせらぎピュアT − 2（W）に変更となった。

（3）（3）は否認する。

　　ア　本件工事は次のとおり完成していない。

　　（ア）　1階 LDK　壁

　　　　西側ドア付近のクロスに剝離が生じている。
　　　　北側廻縁の角の取り合い部分に隙間が生じてい
　　　　る。

　　（イ）　1階 LDK　キッチン背面

　　　　取り付けた棚が 11 度傾斜している。

　　（ウ）　〔以下略〕

　　イ　8月 10 日，本件現場では大工が工事を行っていた
　　ところ，原告は大工に指示をして現場を撤収させた。
　　それ以降，原告は工事をしていない。

　　　原告は工事を途中で放棄してしまったのであり，仕
　　事を完成させたとは言い難い。

3　3項について

　　第1段落は認め，第2段落は否認ないし争う。

　　本件において基本工事は完成していない。また追加工事
　契約が成立した事実はない。

4　4項は争う。

第3　被告の主張

1　工事が未完成であり，引き渡しも受けていないこと

　　原告が被告に対し，請負代金を請求するためには，工事
　が終了後，被告とともに工事現場に立ち会い，工事が完成
　していることを双方確認して目的物を引き渡さなければな
　らない（甲第2号証，第7条）。

　　そして，上記のとおり，原告は工事途中で工事を放棄し

POINT 1
被告＝依頼者の主張にそっているか？

POINT 3
事実の記載が結論とつながっているか？

たのであり，被告とともに立ち会って工事目的物を確認し
た事実はない。

　　よって，原告が請負代金を請求する根拠はない。

2　追加工事契約が成立していないこと

　　本契約を締結後，追加工事や工事の変更を行う場合は，
書面により合意をしなければならない（甲第2号証，第
12条）。

　　訴状別紙2「追加工事一覧表」記載の工事は，いずれも
書面での合意はない。そのため原告がこれらの代金を請求
する根拠はない。

以上

起案添削のPOINT

POINT 1

☑ 答弁書……訴状に従い依頼者の話を整理する

　答弁書は，訴状に対して被告は請求を認めるのか，事実を認めるのかを明らかにする場である。

　答弁書を出すことによって，争いのない事実が確定し，争点が絞られる。なお，ここでは実質的な反論を含んだ答弁書や準備書面を作成することを前提として話をすすめる。

　訴状を抱えた相談者は，原告や事件や裁判に対して様々な感情を持っている。訴えられたので今後どうしようという相談であっても，事件と関係のない原告の悪口で時間切れになることもある。

　一方，答弁書提出期限は決められており，相談者の話を全て聞いている時間はないだろう。一つ一つ，訴状の記載に従って事実を聴取するのが，迂遠なようで結局早く確実だと思う。そして，訴状に従い依頼者の話を整理し，答弁書を作成する。

　そのためには，訴状をきちんと読んで，請求原因を理解すること。その際，同封されている証拠が，訴状の主張を裏付けているかも確認しよう。事件によっては，訴状と証拠が矛盾していることがあるし，あるはずの証拠がないということもある。被告側としては，原告が設定した請求原因という土俵の上で勝負をすればよい。

　お題8の訴状を見てみよう。請求原因は，請負で，6月15日の基本工事契約と，その後の追加工事契約であることがわかる。それぞれについて，契約書があるかないか，契約書の署名・押印に問題はないか，などを検討する。基本工事契約については契約書があり，日付が特定されているのに，追加工事契約については契約書がみあたらない，またその日付も特定されていない。それはなぜだろう，という予測を持ちながら，依頼者に追加工事契約の有無を尋ねる。

依頼者は，原告を「悪質工事業者」などと罵倒している。そして，欠陥工事だと主張している。欠陥となれば，工事の瑕疵だ，修補請求だ，解除だと飛びついてよいだろうか。原告の証拠である甲第2号証は，住宅リフォーム工事請負契約約款である。建築工事請負契約では，通常約款で，施工後，施主の完了検査をへて，合格となって初めて引き渡し，代金支払いという手順が規定されている。公共工事ではこの手続は厳格になされており，お題8のような個人宅のリフォーム工事では簡略化され，注文主と請負人の立ち合い確認で引き渡しとしている。

お題8では，基本工事でもこの確認作業をしないまま現場が撤収されてしまったようである。そうであれば，まずは仕事が未完成であることを主張することになるのではないだろうか。この点を十分検討せず，目的物の修補請求を主張すると，工事が完成したことについて争わない，という争点整理をされてしまうおそれもある。答弁書の入り方を間違えると，その後の進行にも影響を与えるので気を付けよう。

なお，古多割さんは気に入った棚をキャンセルせざるを得なかったことについて慰謝料請求を希望している。

さすがに無理ではないか，と思うのであれば依頼者を説得すべきであるし，いやどうしても，というのであっても答弁書でいきなり書くことではないと思う。

POINT 2

☑認否と反論……同居か別居か，半同居か

いや，たいしたことではない。請求原因や相手の主張に対し，認否と反論を書く場合，認否の直後に反論を書くのがよいのか，認否は認否で，認める，否認する，不知，の指摘だけして，反論でまとめてやるのか，その折衷とするのか，という問題である。

どのような書き方であっても，内容に差はないだろう。それぞれ書きやすいように書いて，裁判官や相手方に伝わればそれが正解。

添削前の起案例は，認否の直後に反論を書いてみた。見出しでいうところの「同居」である。訴状の一行一行に対し，その場で反論が書かれている。これは依頼者にとって読みやすいのではないか。

　また，打ち合わせのときに訴状を一つ一つ順に検討していくと，こういう順番になる。書く順番を気にしなくてもよいし，時間がないときにはぱっと書面が完成するかもしれない。極端にいうと，打ち合わせをしながらどんどん話をまとめて，打ち合わせが終わるのと同時に印刷して依頼者に渡すことができる。「先生，すごいですね。」「いやいや，一応プロですから。」。弁護士の面目躍如であろう。

　しかし，ちょっと考えてみよう。

　この書き方だと原告が並べた事実に対してただ反論しているだけであり，その結果，被告の主張が手薄になりそうだ。特に，ある事実がどの法的主張を裏付けるのかという吟味がなされていない。もちろん，その都度被告の法的主張を書くこともできないことではない。ただ，文章がごたごたして，途中で何を書いているのかわからなくなるし，読み手も，どのような主張を展開したいのか，一読了解とはならないだろう。この点はこのお題8で更に検討しよう。

　私は，認否と反論は原則として分ける＝別居がよいと思う。

　自分が相手の主張を受け取ったときに，まず認否を読んで自分の主張のどこを認めるのか，否認するのかを下線を引いて○，×，△をつけることとしている。この作業は私だけでなく多くの弁護士や裁判官も行っていると思う。その流れからはみ出す必要はないと思う。

　そして，原告の主張に対し，被告として反論をする事実についても，被告の主張ごとにまとめて整理をする方が読みやすいし意図も伝わる。このような書き方では，手品師のように打ち合わせと同時に書面が完成するということはない。

　しかし，それは当然である。私たち弁護士の仕事で重要なことは，生の事実を整理して法的主張を展開することである。それは生の事実を法的用語で表現するのではない。法的主張に順序よく構築することである。そのためには書く順番は一旦ばらばらにしなければならない。

ただ，被告の主張にあまり関係のないことや，逆に「ここ絶対負けられない！」ということについては，認否欄で反論をすることもある。

この点で，私のスタイルは「半同居型」になる。そして認否欄の反論は，一言二言に留めるようにしている。これだと，ぱっと書面を眺めただけで，「被告の主張」欄をじっくり読もう，という視覚的効果を生み出すのではないか（と期待したい）。

「型」で言えば，読者の皆さんもほとんどが，半同居で書いていると思われる。

POINT 3

☑ 事情を整理し，結論と結び付ける

答弁書や準備書面で重要なのは，相手に対する非難ではなく，被告の主張である。

被告の主張は，請求原因に対応したものであり，否認か，抗弁事実かなど法的主張に関するものである。

お題 8 に即して言えば，8 月 10 日に大工が撤収した，というのは，無責任な業者であることを印象づけるだけではない。契約に従った引き渡しがないことから，原告の代金請求権が未だ発生していないということの事実として使いたい。

ここまでの見通しが立ったのであれば，どのように記載するかという問題になる。

添削前の起案例は，認否の都度反論を展開したため，被告の主張欄はすでに事実の反論をした前提で，結論だけとなっている。「上記のとおり」としているので，遡って読めば，8 月 10 日に撤収した件だな，とわかるだろう。

他方，添削後の起案例は，事実と主張を一緒にしている。両者ともほとんど同じ材料を使っている。その上で後者の方が読みやすいというのであれば，事実の記載と法的主張をセットにしているからだろう。

この点は，追加工事の記載についても同様である。添削前の起案例は，被告に向けられた悪口に対する反論ないし言い訳になっている。

これに対し，添削後の起案は，追加工事が成立しない，という事実を裏付ける事情として書かれていることが，読んでいて伝わるのではないか。

なお，古多割さんの主張として，床下工事やシステムキッチンについては賛同できたとしても，和室の天井やトイレの便器に至っては正直どうなの，という気分である。

それでも，これらの事実からも追加工事を否定することにつなげようという方針で行くならば，そのことを明示する必要がある。これは，どう書いたらいいんだ，と悩むことになる。

実は，添削前の起案例だと，その都度の反論となるためこの点の悩みから見事に解放されている。依頼者ウケ狙いだと割り切るならそれもよいと思うが，きちんとするなら主張するかどうかをじっくり悩んでから，書くべきであろう。

逆に，その悩みが解決しないうちになんとなくマスを埋めるように書面を書き始めると，うまく行かないことが多い。

主張や反論は，証拠や事実を良く考えてから構成を決め，それから一気に書こう。

書き出す前にじっくり悩む方が，ゴールは近い。

☑ 一覧表の扱い

建築紛争の瑕疵事案であれば，注文主においてあれもこれも瑕疵，手抜き，などと主張し，争点が何十もあるということはめずらしくない。

お題の訴状では原告から，工事の費目ごとに一覧表が作成されている。

これに対し被告としては同じように別表をつけて不具合や追加工事とされている工事に至った経緯を説明してもよい。

ただ，原告，被告それぞれが別々のフォーマットを使って主張を展開しても，見やすくない。この点は裁判所から，エクセルのデータで争点表のフォーマットを渡されることが多い。

であれば，答弁書の段階でわざわざ独自の表を作らなくても，次の期日で今後どのように争点をまとめるか，エクセルデータで整理するか，誰が最初にデー

タを作るか，などを裁判官と当事者で打ち合わせをすべきであろう。

令和2年(ワ)第24680号　請負代金請求事件　直送済
原　告　株式会社サグラダホーム
被　告　古多割　泰造

答　弁　書

令和3年1月19日

東京地方裁判所　民事部　御中

被告訴訟代理人　弁護士　学　陽　太　郎

第1　請求の趣旨に対する答弁
　1　原告の請求を棄却する。
　2　訴訟費用は原告の負担とする。
第2　請求の原因に対する認否
　1　1項は認める。
　2　2項について
　(1)　(1)は認める。
　(2)　(2)のうち，原告が令和2年6月21日に工事に着手した事実
　　　は認め，その余は否認する。
　(3)　(3)は否認する。
　　　　後記のとおり，本件工事では引き渡しをする前に必要となる原
　　　告と被告の立ち合い確認が実施されていない。また原告の施工に
　　　不具合があるため，工事が完成したと評価することはできない。
　3　3項について，第1段落は認め，第2段落は争う。
　　　本件において基本工事は完成していない。また追加工事契約が成
　　立した事実はない。
　4　4項は争う。
第3　被告の主張
　1　工事が未完成であり，引き渡しも受けていないこと
　(1)　本件住宅リフォーム工事請負契約約款には，次のとおり記載さ
　　　れている。

第7条　工事を終了したときは，注文者と請負人は両者立ち合いの
　　もと，工事目的物を確認し，引き渡しをする。
2　注文者は前項の引き渡し後，請負契約書記載の期日までに請負
　　代金を支払う。

　　　つまり，原告が被告に対し，請負代金を請求するためには，工
　　事が終了後，被告とともに工事現場に立ち会い，工事が完成して
　　いることを双方確認して目的物を引き渡さなければならない。
　　　8月10日，本件現場では大工が工事を行っていた。その後原
　　告は大工に指示をして現場を撤収させた。そして同日夕方，原告
　　従業員が被告の自宅を訪問し，玄関先で，原告代表者の指示で工
　　事を終了すると宣言し，追加契約書を手渡し，そのまま退出した。
　　同日以降原告は被告宅を訪れていない。
　　　以上の事実から，原告は，被告とともに立ち会って工事目的物
　　を確認した事実はなく，目的物の引き渡しがあったと評価できな
　　い。原告は8月10日に一方的に工事を放棄したのである。
　　　よって，原告が請負代金を請求する根拠はない。
　(2)　工事未完成部分
　　　原告が施工した部分には，様々な不具合が生じている。原告は
　　工事請負人としてこれらの不具合を補修しなければ，工事を完成
　　させたとは言えない。
　　　工事未完成部分は次のとおりである。
　　　　ア　1階LDK　壁
　　　　　西側ドア付近のクロスに剝離が生じている。
　　　　　北側廻縁の角の取り合い部分に隙間が生じている。
　　　　イ　1階LDK　キッチン背面
　　　　　取り付けた棚が11度傾斜している。
　　　　ウ　〔以下略〕
2　追加工事契約が成立していないこと
　(1)　本件約款には，次のとおり記載されている。

第12条　工事の追加，変更をする場合，注文者と請負人は書面によ
　　り合意をしなければならない。

つまり，本契約を締結後，追加工事や工事の変更を行う場合は，書面により合意をしなければならない。

　　訴状別紙2「追加工事一覧表」記載の工事は，いずれも書面での合意はない。そのため原告がこれらの代金を請求する根拠はない。

(2)　原告が訴状で主張する追加工事については，以下の事情からも追加工事と評価することはできない。

　　ア　床下工事

　　　既存システムキッチンを撤去した際，大工から被告の妻に対し，水漏れをしていて柱が腐っているので，補修をした方がよいと指摘されたことはある。しかしどの程度傷んでいるかや補修が必要な状態かどうかは説明を受けていない。また，被告本人も原告からそのような報告や提案を聞いていない。現場で大工が被告の妻に指摘をしただけでは追加工事契約は成立しない。

　　イ　システムキッチン

　　　原告の見積もりミスである。

　　　すなわち工事契約前の打ち合わせで，被告はシステムキッチンのカタログを原告から受領した。原告は，カタログの中からウィザードMX－7（W）（Wは白色を示す。）を選択し，これに印をつけて原告営業担当者に示した。この型番はキッチン本体のみの販売で，棚は別売りであった。そのため被告らは別途部屋の雰囲気に合う棚を探し出し，この取り付けを原告に依頼したのである。

　　　ところが，納品されたシステムキッチンはワインレッドであった。被告の妻が驚いて営業担当者に連絡をしたところ，同人は当初「見積書に（R）とあるのはレッドであるので，そのとおり納品した。」と言い訳をしていた。被告の妻がカタログを見せると，誤記を認め，交換をすることを約束した。

　　　しかし，同じ型の白はすでに在庫がなく，すぐ用意できるのは上位機種のMX－8で，これは棚が標準でついてくるとのことであった。自分たちが用意した棚を設置すると，付属の棚は廃棄することになるため，被告はやむなくMX－8の本体と棚を設置することとし，注文していた棚はキャンセルした。

　　　以上のとおり，システムキッチンの型番変更は被告が望んだ

ことではなく，原告のミスを処理したものであり，その費用は原告が負担すべきである。

ウ　和室の天井板

　　1階和室は，左官工事で砂壁が施工された。その後天井に化粧板の天井板が張られたものの，壁と比べて天井が見劣りした。内壁を左官工事で施工する和室はクロス施工よりも手間や費用がかかるため，天井についても化粧板ではなく本物の風合いをもつ天然無垢板などを使用すべきである。

　　事前に原告からそのような提案はなく，施工後大工から，左官工事で壁を施工したのであれば天井も天然無垢板を張るのがよいと勧められ，それを伝えたところ原告が交換をしたのである。

　　原告は無償で再施工をしたのであり，追加工事ではない。

エ　1階トイレ便器

　　ナイアガラRS－Ⅲ（W）が設置され，数日使用してみたものの音が大きく夜中に使用すると家族が目を覚ますほどであった。そのため営業担当者に「不良品ではないか」と伝えたところ，機種の交換を提案され，せせらぎピュアT－2（W）に変更となった。

　　先に取り付けられた便器が不良品かどうか不明であるが，検査をする前に原告において交換対応をしたのである。追加工事ではない。

以上

裁判官からひとこと

1 被告本人からの相談は，まるでカウンセリング……

　「先生，先生。助けてください。私，被告にされてしまったんです。」と叫びながら，訴状の副本を抱えて，弁護士事務所に駆けつけてくる被告本人の姿が目に浮かぶ。私自身は訴訟当事者本人になったことはないが，訴訟を提起された者が，不快感とともに大きな不安感を抱くことは，容易に想像できるし，弁護修習のときに，訴訟を提起された人からの相談を受ける場面に立ち会った上，答弁書を起案したこともあった。被告本人から相談を受けることとなった弁護士としては，被告本人の気持ちを落ち着かせることも，相談業務の中で大きな部分を占めるのであろう。「被告にされた」という言葉は，公訴を提起されて刑事事件の被告人にされたとの誤解に基づくこともある。民事訴訟の被告にされたことからくる不安は，刑事事件の被疑者として身柄を拘束されたことからの不安と，どこか似ているのかもしれない（もちろん，不安の程度は，前者より後者の方が比較にならないほど大きいであろう。）。弁護士がそのような被告本人から事情を聴取するのは，これまた苦労することと察せられる。原告側の場合は，いわば「攻撃を仕掛ける」側であって，時間をかけて綿密に作戦を立てることも可能であるが（いうまでもなく，それにも限度はある。），これに対し，被告の側は，第1回弁論期日との関係もあって，時間に限りがある（もっとも，そのような事情から，答弁書には請求の趣旨に対する答弁に続き，請求原因に対する認否は「追って認否する。」とあるだけのものが少なくない。でも，それはやむを得ないところであろう。）。そのため，被告本人も，相談を受ける弁護士も，時間との闘いでより追い詰められた気持ちになるのではなかろうか。被告代理人となるべき弁護士の先生方，本当に御苦労様と思う。

　とはいうものの，相談や聴取で苦労していることを理由に，答弁書や準備書

面の出来が悪くてもよいということにはならない。そこで，牧田弁護士の指摘する内容を見てみよう。

2 訴状の記載の順序に乗っかってよいか？

　牧田弁護士によるお題8と解説を読んで，ちょっと困ったことになった。というのは，ここでは裁判官の立場から，弁護士の作成する答弁書や準備書面について，解説の内容に「口を挟む」ことが求められているが，その内容が，私としては賛同できるものばかりで，「口を挟む」べき部分がなかなか見付からないのである。以下では，裁判官の職務の遂行を通じて感じたところを，牧田弁護士の指摘する内容を踏まえてちょっと補足するような感覚で，述べさせていただくことにする。

　被告本人から事情を聴取する際には，お題8にあるとおり，訴状の記載にそって尋ねていくのが早くかつ確実であろうし，答弁書の記載の順序も，これに従っていただくと，読む側としても理解しやすい。ただ，請求原因に対する認否の欄はそれでよいとしても，それに続く「被告の主張」の欄は，必ずしも訴状の記載にそったものである必要はない。特に，訴状の記載内容が論理的でない場合や，時系列にそって書かれていない場合など，訴状の出来が悪いようなときには，「訴状にお付き合い」した結果，かえってわかりにくい答弁書が出来上がってしまうこともある（原告が弁護士に委任することなく自分で訴状を作成したような場合には，このような事態が生じやすい。）。では，どうすればよいのか，と尋ねられると，答えに窮してしまう（私のような凡人は，残念ながら，出来の悪い訴状に対する反論を答弁書において見事に展開するための「特効薬」や「ノウハウの類」といったものは，持ち合わせていないのである。）。ただ一つ言えるのは，またまた繰り返しになるが，読み手（＝相手）を意識した文章を作成することを心がけるべきであり，文章を作成する際は，読み手という相手を尊重することである。

3 主張と証拠との照らし合わせは，決して怠らないように

　お題8は，答弁書を作成するに当たり，訴状をきちんと読んで請求原因を理解し，その際，同封されている証拠が訴状の主張を裏付けているかも確認することを勧めているが，これはとても大事なことであり，実際のところ，答弁書を読んで，被告代理人が明らかにこの確認作業を行っていることがわかるようなケースもないわけではない。これは推測であるが，おそらく「慌てふためき，感情的になっている」被告本人からの事情聴取に専心して，被告本人が述べたところをそのまま書面化した結果，書証（甲号証の副本）から明らかに読みとれる事実を確認することを忘れてしまい，「何が真実か」の検証を怠ったため，客観的に動かせないはずの事実に抵触するような主張を展開してしまったのではないだろうか。甲号証の検討や請求原因事実との照らし合わせをすることによって，ときには，原告側の弱点が見えてくることもあり，被告としての今後の主張立証の方針を決める上で大きな考慮要素となるものであるから，是非とも励行していただきたい。

　契約書（に限らず，文書一般）の署名・押印に問題がないかの検討も，極めて大切である。名義人の意思に基づいて作成された文書であるとすれば，当該文書の記載内容をもって，名義人の意思表示の内容であるとされてしまう可能性が高くなるので，（いうまでもなく，これが覆される可能性もないわけではない。），書証の成立の検討は，十分にしていただきたい。

4 否認か抗弁か……修習を終えても，法曹に一生つきまとう問題である

　「欠陥となれば，工事の瑕疵だ，修補請求だ，解除だと飛びついてよいだろうか。」……的確な指摘である。ある用語を聞いて，それに関連の強い別の用語に飛びついてしまうと，思わぬ失敗をする。主論にも触れられているが，請求原因について理由付け否認をしないまま，抗弁の主張を展開してしまうことにより，請求原因事実は争わないものと扱われるおそれが生じる。被告側の代理人に限らず，ここで主張しようとしている特定の事実が，主要事実（要件事

実）なのか，理由付け否認における理由（間接事実）なのかを，時間をかけて検討してから，答弁書や準備書面の起案に取りかかることが大切である。

5 同居か別居かは，主張の内容や分量を考えて判断すべし

「同居か別居か，半同居か」については，という見出しを見て，「あれっ，どうなってんの？　お題8はここから離婚訴訟についての話を始めるの？」と一瞬びっくりしたが，認否と反論の「同居」，「別居」とは恐れ入りましたな。

それはともかくとして，「同居」は訴状の一行一行に対して反論が書かれることで，依頼者のみならず，裁判官にとっても読みやすくなるが，あくまでも理由付け否認の理由や法的主張が，簡潔に触れられている場合の話といえる。「請求原因1の事実は否認する。実態は次のとおりである。」との次に何頁にもわたって請求原因1を否認する理由が記載され，「請求原因2の事実は認め，同3の事実は否認する。実態は次のとおりである。」となってまた何頁にもわたって請求原因3を否認する理由が展開されてしまうと，読む側としては頭の整理がしにくい。主論が，「認否と反論は原則として分ける＝別居がよいと思う。」としているのは，その点も踏まえられてのことであろう。もし，認否に続く反論が簡潔にまとめられるような事案については，「同居」の方がよいとも考えられる。というか，反論が簡潔に済ませられるような事案についてのみ，「同居」を選択していただきたいと思う。また，文章の構成は柔軟に使い分けることが望ましく，牧田弁護士が「半同居」を選択するのも，理にかなったことではないか。

6 非難を並べ立てると，裁判官の気持ちが離れてしまうかも……

「答弁書や準備書面で需要なのは，相手に対する非難ではなく……」との点は，ごもっともである。訴訟当事者本人が作成してくる書面であれば，非難の文言が並んでいてもやむを得ないところがあるように思われるが，代理人である弁護士が作成する書面であれば，非難めいた文言は極力避けていただきたいと思

う。

　かなり前に体験したことであるが，ある弁護士が作成・提出してくる準備
書面には，毎回，必ずと言っていいほど，それも頻繁に，「(相手方当事者
の)……という行動をとったことに対し，断固抗議する。」という言い回しが
登場していた。この代理人の書面を読むたびに，「またこれかあ。もう，いい
加減にしてくれよ。」という気持ちになったのを覚えている。そのような文言
を書き並べたことによって，判決で不利になるようなことはないとは思うが，
「断固抗議する。」を繰り返すことによって，その当事者の印象が悪くなってし
まう可能性は否定できず，それが裁判官の判断を誤らせる要因となる可能性が
絶対にないとは断言できない。この点は，念のため，注意喚起をさせていだだ
くこととする。

7　じっくり悩め，そして，急がば回れ

　「書き出す前にじっくり悩む方が，ゴールは近い。」
　これは，実に重みのある説示と思う。裁判官にもいえることであるが，物を
書くことを仕事とする者は，書く前にじっくり検討しよう。
　物を書く者にとどまらず，話をすることを仕事とする者も，話の内容を事前
にじっくり検討することが必要であり，このことは，何かを製作する者一般に
ついていえるのであって，つまるところ，「急がば回れ」の思想が大切である。
気の短い私としては，この点は，他の人たちよりもなお一層心に留めておくべ
きことであるが，もし，読者のあなたが「自分は気が短い」と感じておられる
のであれば，私と同じように，牧田弁護士のこの一言を，心に留めておくこと
をお勧めしたい。

仮差押命令申立書

　令和元年 10 月 3 日，弁護士であるあなたは市役所の出張相談で，雪子さん（58 歳）から夫（応治 59 歳）と離婚をしたいという相談を受けた。

　雪子さんによると，家族構成は夫と二人世帯，子どもは独立してアメリカに住んでいる，夫は大手鉄道会社に勤務し，雪子さんはスーパーマーケットでパートをしているという。

雪　子：とにかく夫は最低の男です。DV でモラハラで浮気男です。私はこれまで受けた夫の仕打ちをこのノートにまとめています。

弁護士：わかりました。そのノートは後で時間があれば拝見しましょう。今日は市役所の相談で時間が限られているので，私からお聞きしますね。先ほど，DV やモラハラとおっしゃいました。具体的に夫から暴力を受けたことはありますか。

雪　子：そりゃもう，ありますよ。

弁護士：最後の暴力はいつですか。

雪　子：えーっと，随分前です。5 年前かもしれません。

弁護士：そのとき受けた暴力は，どのようなものですか。

雪　子：私の両手をつかんで壁に押さえつけられました。

弁護士：なぜ応治さんはそのようなことをしたのですか。

雪　子：夫と言い合いになって，私が夫のゴルフの優勝カッ
　　　　プをたたき割ったんです。

弁護士：そのときの診断書や写真はありますか。

雪　子：ちょっと……ないですね。

弁護士：他に暴力はありますか。

雪　子：昔はちょこちょこありましたが，最近はないです。

弁護士：それから浮気とおっしゃいましたね。どのような事
　　　　情ですか。

雪　子：先月，夫のスマホに LINE を受信したという着信が
　　　　あったので，パッと取り上げてみたところ，『れら』
　　　　という人からで，ハートマークと『おはよ！』みた
　　　　いな内容でした。

弁護士：他に何か書いてありましたか。

雪　子：いえ，夫がスマホを取り上げたので，読めませんで
　　　　した。

弁護士：この件であなた方は何か話をしましたか。

雪　子：はい。私が『なにその女！』って問い詰めたら，夫
　　　　は『会社の部下だ！』『怪しい関係は何もない！』な
　　　　どと言っていました。夫はそのまま出勤したので，
　　　　私は夫の書斎にある社員名簿を見たところ，『神出
　　　　麗羅』という女性がいました。私は夫に LINE で『神
　　　　出さんって，めずらしい名前ね。なんて読むの♥』っ
　　　　て送信したら，夫からは『お前みたいなやつとは離
　　　　婚だ！』『退職したら時間ができるから，このマンショ
　　　　ンは売却して離婚してやる！』と LINE で返信があ
　　　　りました。そして夫は，先週末にどこかに引っ越し
　　　　しました。それからは毎日のように，夫から LINE
　　　　で『マンションから出ていけ。』『離婚しろ。』と送ら

れてきます。先生，夫は絶対，神出麗羅と一緒に住んでいますよね。探偵を雇った方がいいでしょうか。私の兄も怒っていて，探偵のお金くらい出すというんですよ。

弁護士：あ，ちょっと待ってください。応治さんは退職するのですか。

雪　子：そうですよ。

弁護士：いつですか。

雪　子：今月末です。

弁護士：退職金は。

雪　子：3000万円くらいあると思います。一応大手企業ですから。

弁護士：その退職金の使い道は決めていますか。例えば住宅ローンの支払いとか。

雪　子：いいえ。夫はマンションを売却するようです。私も調べたら，今のマンションを売って残りのローンを払うと手元にちょっと残るくらい，って不動産屋さんに言われました。

弁護士：あの……応治さんはあなたにそのお金を分けると思いますか。

雪　子：いいえ。夫からは『お前には一銭もやらん』ってLINEで送られてきます。でもあれですよね。離婚のときに財産を半分にしなければならないんですね。だから私，退職金を半分もらったら秋田の実家に帰ります。それよりも先生，私，麗羅も許せないので内容証明を書いてもらえますか。

弁護士：いや，それよりも急いでやらなければならないことがありますよ。

あなたはその後，雪子さんに対し，夫の退職金を仮に差し押さえる必要があること，そのために急いで申立てをしなければならないことを説明した。そしてその後何度か事務所に来てもらい，以下のメモを作成し，証拠を集めた。

メモ

家族関係

夫　　白馬応治　昭和34年10月15日生
　　　東都大学経済学部卒業
　　　昭和58年4月1日　大日本鉄道株式会社入社
　　　3年ほど前から事業開発本部本部長　現在に至る。
　　　令和元年10月30日　定年退職見込

妻　　白馬雪子　昭和35年12月9日生
　　　西京女子大学人文学部卒業
　　　3年前から，スーパー・マルヤスでパート（レジ打ち）

夫婦　大学のスキーサークルで知り合い，交際。
　　　昭和60年10月1日　結婚，同居開始

長男　白馬奈以斗　平成7年2月15日生
　　　野球が好き。甲子園出場経験あり。
　　　平成26年10月　米国ポンセ記念大学入学
　　　平成30年9月　卒業　日本企業のアメリカ支社に就職

過去の暴力

　平成26年5月上旬　連休に夫が泊まりがけでゴルフに行くと言って家を出た後，宿泊先で結構な地震があったので夫に「大丈夫？」って送ったら，「なんのこと？」と返信が来た

ため，ゴルフ場に行っていないのではないかと疑い，夫が帰宅した後このことを問い詰めたらケンカになった。妻が「優勝カップなんか，アリバイ作りのため自分で用意したんでしょ。完璧よ」と言って腹立ち紛れにカップを壊したところ，夫も興奮して妻の両腕をつかんで体を壁に押し当てた。腕に跡ができて数日痛かったが医者には行っていない。

夫が家を出た経緯

　9月3日午前7時頃，「れら」からLINE。相談時の説明のとおり。

　9月28日，夫が引っ越し業者を連れて引っ越し。以後所在不明。

財産

夫　預貯金の詳細は不明。

妻　〇〇銀行〇〇支店　普通1234567　14万4982円

　　△△銀行△△支店　普通1234567　8万　566円

　　夫からの生活費とパートのお金が混在。

自動車　平成18年に買ったセダンがある。走行距離
　　10万キロメートルを超えている。

マンション　平成10年購入。夫名義。ローン残額
　　1342万6800円。不動産業者の査定は1500万〜
　　1300万円。査定書。

退職金

　妻が夫の勤務先にそれとなく金額などを尋ねたが，個人情報を理由に教えない。妻が社宅時代の友人に聞いた

ところ，退職時の基本給かける勤続年数で，定年退職の場合はそれの 4 割加算とのこと。退職金の支給に関する説明書のコピーあり。

　夫の書斎から平成 30 年 4 月の給与明細。基本給 62 万 4000 円。他に明細書は見当たらない。

　退職金の支払時期は不明。ただし，退職後数日で振り込まれるとのこと。

夫の転居先
　不明。住民票の異動なし。妻が夫に引越先を教えるよう LINE をしたが，夫は教えない，と回答し拒否した。

依頼者の希望
　慰謝料 500 万円（夫，麗羅）

　では，これらの事情を使って，仮差押命令申立書を作成してみよう。

添削前の起案例

債権仮差押命令申立書

令和元年 10 月 11 日

東京地方裁判所　民事部　御中

　　申立債権者代理人　弁護士　学　陽　太　郎

　　当　　事　　者　⎫
　　請　求　債　権　⎬　別紙目録〔略〕記載のとおり
　　仮　差　押　債　権　⎭

申立の趣旨

　債権者の債務者に対する上記請求債権の執行を保全するため，債務者の第三債務者に対する上記仮差押債権は，仮に差し押さえる。

　第三債務者は，債務者に対し，仮差押えに係る債務の支払いをしてはならない。

との裁判を求める。

> **POINT 1**
> 保全の要件を確認しよう。

申立の理由

第1　被保全権利

　1　当事者

　　　債務者は昭和 34 年 10 月 15 日生，現在 59 歳である。

　　　債務者は東都大学経済学部を卒業後，昭和 58 年 4 月 1 日に，大日本鉄道株式会社に入社した。

　　　債権者は昭和 35 年 12 月 9 日生，現在 58 歳である。西京女子大学人文学部在学中，大学のスキーサークルの活

> **POINT 2**
> 「被保全権利」を明示しているか？

動を通じて当時大学生であった債務者と知りあい，交際を開始した。

　債権者と債務者は昭和60年10月1日に結婚をした。

2　債権者と債務者の同居生活

（1）　債権者と債務者は結婚と同時に○○県○○市のアパートで同居生活を開始した。

　　　平成7年2月15日，二人の間に長男奈以斗が出生した。

　　　平成10年，債務者は現在の住所地であるマンションを購入し，債務者，長男の3人で住み始めた。

　　　長男は野球が好きで，○○高校では全国高等学校野球選手権大会で○○県代表で甲子園に出場した。

（2）　平成26年5月上旬　連休に債務者が泊まりがけでゴルフに行くと言って家を出た後，債務者の宿泊先で地震があった。心配した債権者は債務者に対し「大丈夫？」とLINEで問いかけたところ，債務者は「なんのこと？」と返信した。債権者は，債務者はゴルフ場に行っていないのではないか，誰か女性と一緒に旅行をしているのではないかと疑った。債権者は債務者が帰宅した後，このことを問い詰めたことにより債務者とケンカになった。債務者の態度に業を煮やした債権者が「優勝カップなんか，アリバイ作りのため自分で用意したんでしょ。完璧よ。」と言ってカップを壊したところ，債務者は興奮して債権者の両腕をつかんで体を壁に押し当てた。

　　　この暴力により，債権者の腕に跡ができて数日痛みがあった。

（3）　平成26年10月，長男はアメリカのポンセ記念大学に入学した。またその頃から，債権者は自宅近くにあるマルヤスホールディングス株式会社にパート職員として入職し，自宅近くの店舗でレジ打ちなどの仕事に従事している。

(4) 平成28年頃から，債務者は大日本鉄道株式会社の
　　事業開発本部長に就任し，現在に至っている。

(5) 平成30年9月，長男は同大学を卒業し，日本企業
　　のアメリカ支社に就職した。長男は現在アメリカで生
　　活をしている。

(6) 令和元年9月3日午前7時頃，債務者の出勤前，居
　　間においてあった債務者のスマートフォンにLINE
　　メッセージを受信したことを知らせる通知音がした。
　　債権者がスマートフォンの画面を見たところ，『れら』
　　という人物から，ハートマークと『おはよ！』などと記
　　載されたメッセージが表示されていた。

　　　債務者は慌てた様子で債権者の手からスマートフォ
　　ンを取り上げたため，債権者が，その女性は誰か，と
　　尋ねると，債権者は，「会社の部下だ。」「怪しい関係
　　は何もない。」などと言い残し，そのまま出勤した。債
　　権者が自宅にあった債務者の勤務先の社員名簿を確認
　　したところ，債務者が所属する事業開発本部に「神出
　　麗羅」という女性従業員がいることが判明した。同日
　　8時頃，債権者は債務者に対しLINEで「神出さんって，
　　めずらしい名前ね。なんて読むの」と送信したところ，
　　間もなく債務者から「お前みたいなやつとは離婚だ！」
　　「退職したら時間ができるから，このマンションは売
　　却して離婚してやる！」との返信があった。

　　　それ以来債務者は債権者を無視するようになった。

(7) 本年9月28日，債務者は引っ越し業者を利用して
　　転居した。その後債務者の転居先について債権者が尋
　　ねても，債務者は回答を拒否している。

　　　債務者は債権者に対し連日LINEで「マンションか
　　ら出ていけ。」「離婚しろ。」などとメッセージを送信し
　　た。

(8) 債権者は本年10月末に定年退職の見込である。

3　離婚原因

　　以上より，債権者と債務者の婚姻関係は債務者の暴力や暴言，家出により破たんしている。

4　慰謝料請求権

　　債務者は債権者に対し，上記暴力や暴言，悪意の遺棄により精神的苦痛を受けた。これを金銭的に評価すれば500万円を下らない。

5　財産分与請求権

　　債務者は本年10月末に勤務先を定年退職する見込みである。

　　退職金の金額は，退職時の基本給×勤続年数×1.4とされている。

　　そのため，債務者は，3144万9600円の退職金を受け取ることになる。

　　計算式）62万4000円×36×1.4＝3144万9600円

　　債権者は債務者に対し，上記退職金のうち2分の1である1572万4800円を財産分与として受け取る権利を有する。

6　被保全権利のまとめ

　　以上より，債権者は債務者に対し，上記2072万4800円を請求する権利がある。

第2　保全の必要性

　　債権者は債務者を相手方として夫婦関係調整調停（離婚）を申し立てる予定である。また調停で離婚が成立しない場合は人事訴訟を提起して解決をする必要がある。

　　債務者に対しては今月末以降数日のうちに3000万円を超える退職金が支払われる見込である。これについて債務者は債権者に渡さないことを明言している。

　　債務者が退職間際に一方的に同居を解消し，以後所在を明らかにしていないこと，退職金も渡さないと明言していることから，調停や裁判での解決を待っていては退職金が隠匿されてしまい，債権者に財産分与がなされないおそれ

POINT 3
事実と評価がつながっているか？

POINT 4
被保全権利の選択は大丈夫？

POINT 5
財産分与請求権も特定しよう。

がきわめて高い。

　　また，債務者については退職金以外にみるべき財産は見当たらない。

　　よって，債務者の退職金請求権を仮に差し押さえる必要性が高いため，申立ての趣旨記載の裁判を求める。

疎明方法

証拠説明書記載のとおり

添付資料

甲号証　　各1通
委任状　　　1通

別紙

　　　　　　　当　事　者　目　録

〔略〕

別紙

　　　　　　　請　求　債　権　目　録

金 2072 万 4800 円
　ただし，債権者が債務者に対して有する離婚に伴う慰謝料請求権 500 万円及び財産分与請求権 1572 万 4800 円の合計

　　　　　　　　　　　　　　　　　　　　　　　以上

別紙

　　　　　　　仮 差 押 債 権 目 録

金 2072 万 4800 万円

　　ただし，債務者（大日本鉄道株式会社本社勤務）が本決定送達後令和元年 12 月 31 日までの間に第三債務者から支給され

る退職金より法定控除額を差し引いた残額の4分の1にして，
頭書金額に満つるまで

以上

解説！ 起案添削の**POINT**

☑ ああ，時間がない！

　学陽先生，この市役所相談開始後，話の長い人だな，相談枠は30分だから，時間内に収まるかしらん，などとのんびり構えていたかもしれない。しかし相談の後半，夫が今月末に退職をし，退職金が支払われるということに気が付くと，一気に緊急モードに切り替わった。相談者は，夫の退職金は半分妻に払わなければならないという決まりがあるから，夫が嫌だといっても自分のところに転がり込んで来るだろう，と信じて疑わない。「そうではないんです，半分もらう権利があることと，それを実現することは別なんです，夫が払わないというのであれば，裁判をして強制的に確保するしかないですよ」と説得をして，弁護士に依頼をしないとどうにもならないことを理解してもらうことから始めなければならない。

　急を要する保全事件であれば，まず，タイムスケジュールを依頼者に説明しなければならない。退職金の支払い時期は，就業規則などに定めがあればその期限，なければ退職日の翌日から7日以内（労働基準法23条参照）となるだろう。就業規則が手元になく，退職金の支払い日が明確でない場合は，退職と同時に支払いがされることを前提に行動すべきである。そして，勤務先が退職金を支払う場合，金額の計算や確認，稟議，銀行への送金予約など実行日の数日前に処理がされていることがある。退職金やボーナスを差し押える場合，実行日の1週間前までに第三債務者に到達していると安心である。そして裁判所が決定を発送する，決定を出す，担保金を納付する，補正があったら訂正して出し直す，などの時間を逆算すると，裁判所の発令10日前には申立てをしたい。

　本件に即して言えば，本日10月3日→10日までに申立て→21日までに裁判所が発令→24日までに第三債務者に送達→31日に退職，ということになる。このことを依頼者とも共有し，指示した書類の取り寄せが遅れたりすると仮差押えが間に合わず，何も確保できなくなるということを説明しよう。依

頼者がこのことを理解せず，「裁判のことはよくわからないので，手続は先生に全部お任せしています。」という状態でいるのは良くない。書類の細部に何度もダメ出しをしたりして，目的不達成になりかねない。

このように説明をし，危機意識を共有するという作業をはじめにしておけば，依頼者もこちらのやることに信頼を寄せてくれる。例えば，神出麗羅に対する慰謝料云々についても，そちらを調べていると時間切れで退職金が逃げていくということを伝えれば，後回しになっても仕方がないということで納得をするだろう。

☑ 保全の起案は，最初の見極めが命

保全手続は時間に追われる。そのため，一刻も早く起案に取り掛かりたいしそうすべきだと思われるだろう。ただ，それよりも大事なことは，保全手続では「やり直しは命取り」ということである。申立書を書き始めたところ，別の事情が判明して起案をやり直したり，裁判所に出した後，間違いを指摘されて補正をしたりすれば，2日3日はあっという間に過ぎ，予定からどんどん遅れていくことになる。保全は「一撃必殺」であり，そのため事案の把握や方針決定は慎重にしなければならない。限られた時間内で事実の調査や検討をし，これでいける，という見極めができてから一気に起案する，という方がよいだろう。

見極めをするために，いくつか気を付けておくべき点を挙げておこう。

① 手続をどうするか。仮差押えか仮処分か，など。
② 保全の対象は何か。退職金か，預金か，不動産か，など。
③ どこの裁判所に申立てをするか。
④ 被保全債権は何か。
⑤ 担保金の予想額と調達方法
⑥ 被仮差押債権とその金額

③は，初めにもう一度条文を確認すべきである。例えば，家裁に提出すべき

申立書を地裁宛にして提出してしまったなど。若い読者の皆さんはピンと来ないかもしれないが，平成16年4月1日より前は家事事件に関する保全手続は地裁に管轄があった（同日人事訴訟法が施行され，同法第30条により家裁の管轄となった）。事務所の先輩から過去の事件のデータをもらって起案をする場合，こんなところもチェックしよう。

　同じ裁判所の地裁と家裁であれば，訂正印で済むかもしれない。しかし遠方の裁判所に郵送で申立てをしたところ，管轄がないと指摘され取り下げをする場合，提出した証拠の原本の返還を受けるだけでも3，4日を要する。かつて執行をするときに，遠方の裁判所に債務名義一式を添えて速達で申立てをしたところ，翌日，管轄違いではないかとの連絡があった。こちらも慌てたが書記官が迅速に書類を返却をしてくれたので，執行はなんとか間に合ったことがある。

　保全や執行では，管轄ミスは致命傷になりかねない。

　④の重要性は，「言われなくてもわかっているよ。」とおっしゃるかもしれない。しかし起案をしてみると，結構難しかったりする。これは改めて検討をしよう。

　スケジュールの点で考えると，⑤はとても重要である。ある程度お金を動かせる人であればよいが，日本司法支援センターの民事法律援助を利用して申し込みをする場合は要注意。この場合，同センターは現金を立替払いするのではなく，同センターが銀行と支払保証委託契約を締結し，それを保証書として裁判所に提出することとなる。この手続に結構日数をとられることがある（連休前など銀行の繁忙期には手続に2週間くらいかかる，といわれたことがある）。間に合わない場合は依頼者から親族などに担保金の援助ができないかを検討してもらうしかない。民事法律援助を利用する場合は，早めに同センターに連絡をして準備をしてもらうとよい。

　⑥は，⑤との兼ね合いで決まることも多い。用意できる担保の額により，請求債権額も一部請求とせざるを得ない場合がある。

☑ 保全の要件を確認してから起案をする

　司法研修所でも起案例集でも，仮差押命令申立書は「被保全権利」と「保全の必要性」に分けて書かれている。事務所の先輩からもそのように指導されるだろう。それはなぜか。答えは，民事保全法 13 条 1 項にそう書いてあるから，である。ここでいう「被保全権利」は「金銭の支払いを目的とする債権」である。これが存在しないと，「債権について，強制執行することができなくなるおそれがあるとき……」という保全の必要性の議論が出てこない。

　保全の起案をすると，「退職金が近々支払われる。」「相手は所在を明かさない。」「金は渡さない，家を出ていけ，離婚をしろと連日 LINE で送ってくる。」などの事情に目が行きがちである。相手がいかに不当な行動をしているかについては依頼者の追い風を受けて筆も進むだろう。その一方，被保全権利については当然あるものとしてあっさり書いてしまう傾向にあると思う。しかし，そもそも被保全権利があるのか，あるとすればその内容は何かをじっくり検討しなければ，申立てが却下されてしまう。被保全権利の重要性に思いを至らせるためにも，管轄も含め，法律の根拠を確認しながら起案を進めよう。

　なお，同じ保全事件でも，仮差押命令（民事保全法 20 条），係争物に関する仮処分命令（同法 23 条 1 項），仮地位仮処分命令（同法 23 条 2 項）では，法律上要件が異なっている。常に「被保全権利」と「保全の必要性」の項目で起案をすると，要件を落とす失敗をする。この機会に条文を確認しよう。

　添削前の起案例を見ていただきたい。被保全権利と保全の必要性に分けて書かれている点は問題はない。保全の必要性もこの程度でよいと思う。ただ，被保全権利は，表記のやり方だけでなく対象の設定を含め，問題がありそうである。

☑「第1　被保全権利」というタイトルに即した記述か

　モノを売ったけれど代金が支払われない，などの場合，被保全権利は明確である。売買契約に基づく代金支払請求権であることを明示し，その要件に従って主張・疎明をすればよい。貸金の返済や請負代金や交通事故の賠償金を被保全権利とする場合も同様である。

　では，本お題9のように離婚に伴う財産分与や慰謝料はどうだろうか。事実関係の整理を含め，きちんと整理をすることが必要だろう。

　ではどのように整理をするか。

　離婚事件では，当事者の紹介からスタートして交際，結婚に至る経緯，子の出生や子育ての状況，その後の夫婦関係の不和を書いて現在別居に至っている，というように年代順にまとめる，という方法もあるかもしれない。間違いではない。しかし，なぜ「夫婦の略歴」をまとめなければならないのだろうか。

　ここで再度，起案の目的を考えてみよう。ここで書かなければならないのは，被保全権利を指摘することである。本お題9の被保全権利は何か。離婚に伴う財産分与請求権や慰謝料請求権である。そのためには，夫婦の間に法律上の離婚事由がなければならない。民法770条1項各号の事実を主張する必要があり，そのために「被保全権利」の起案をするのである。

　そうであれば，夫婦関係の様々な経緯を年代順にまとめるのではなく，離婚事由に必要な範囲で，言い換えれば離婚事由を決めた上でそこから逆算するようにまとめていくと，読んでいる裁判官が即時に事情を把握できるのではないだろうか。

　起案例は，まず夫婦の略歴をまとめている。これだと，どのような夫婦であったかは想像しやすいが，記載された事実は離婚事由に当たるのか，当たるとしたらどれなのかがはっきりしない。記載された書面がはっきりしないのは，起案者においてもよく整理ができていないから，という可能性がある。

　夫婦の略歴を書くとしても，離婚原因を特定するため，ということを意識すれば，細かいところは省略・抽象化してもよいことに気が付く。例えば，本お

題9では夫婦が知り合った経緯や長男の経歴，依頼者の勤め先は詳細に書く必要はないだろう。そのためには，文章を書く際に小見出しをつけること，小見出しをつけたらそこから外れたことは書かないことを徹底するとよい。夫婦の略歴や年代順のまとめは，陳述書で行う。

☑ 事実の適示と評価をきちんとつなげる

　添削前の起案例は第1「3　離婚原因」において，債務者の暴力や暴言，家出により破たんしている，と主張している。このままでは裁判所から「離婚原因はなんですか。」と釈明を求められるだろう。この書記官からの電話に対し「あれだけ夫の非行を並べたのに，裁判所は離婚事由がないとおっしゃるのですか。」「読めば，暴力，暴言，家出は明らかですよね。」と電話で言う前に，わが身を振り返ろう。まず，離婚事由が特定されていないのは初歩的ミスである。家出というところは民法770条1項2号の「悪意の遺棄」とも考えられるし，暴力などとひっくるめて770条1項5号の「婚姻を継続し難い重大な事由」とも考えらる。ここをきちんと特定しなければならない。

　それができたとして，次に問題なのが，どの事実がどの要件に該当するか，が曖昧になっているということだ。「暴力」であれば，エピソードは特定されやすい。しかし「暴言」は具体的にいつの何を指すのか，明確になっていない。離婚をしろ，家を出ていけ，財産はやらない，というのが「暴言」だ，と思うのであれば，そう書くべきである。そう思わないのであれば，書くべきではない。「暴言かどうか微妙だけど裁判官が認めてくれればいいなあ。」という目的でわざと曖昧な書き方をするのであれば，改めた方がよいと思う。

　この起案に限らず，事実の記載とその評価，そして法的要件との関連が曖昧な書面は珍しくない。事実の記載が迫真的に描かれていても，それが，要約するとなんなのか（評価），だからなんなのか（法律の要件への当てはめ）がきちんとしていなければ，読んだ裁判官は判断できないだろう。

　ではどうするか。添削前の起案例の第1「3　離婚原因」で事実を再度抽象

化してまとめるのも一案である。しかし事実適示と同じことの繰り返しになりはしないだろうか。そうであれば、事実適示の項目で小見出しを書き（「債務者の暴力」「債務者の暴言」「債務者の不貞行為」など）、小見出しの中ではそれ以外のことを書かない、という方がわかりやすいし書きやすいのではないだろうか。

POINT 4

☑ 被保全債権を選択する

　添削前の起案例では、債務者の暴力や暴言、悪意の遺棄に基づく500万円の慰謝料請求権を被保全債権にしている。この記載から予想される裁判官のつっ込みは、経験された方はわかるだろう。「慰謝料の根拠は、不法行為慰謝料ですか。それとも離婚に伴う慰謝料ですか。」である。起案どおり前者であれば500万円にはならない。後者であるなら、「暴力や暴言、悪意の遺棄により離婚をせざるを得なくなった。債権者は婚姻生活を継続できなくなったことに伴い精神的苦痛を受けており、その慰謝料の額は……」としなければならない（ここまでしつこくやらなくてもよいと思う。）。

　そもそも、本お題9において慰謝料請求を被保全権利として打ち上げるだけの事情や証拠は揃っているだろうか。依頼者の話を聞いていると、なんとなく怪しいという気にはなるが、物証は一つもない。保全手続を優先させるため、神出麗羅さんの存在や夫との関係の調査は後回しになっている。添削前の起案例がこうなってしまったのは、依頼者の強い希望であろう。しかし、本お題9では退職金の仮差押え可能な金額が4分の1と限定されており、財産分与だけでも十分その範囲を満たしている。であれば、被保全権利としてあえて慰謝料請求を挙げる必要はない。

　また、慰謝料を主張した場合、被保全権利として認められる金額はいくらかという問題はとても難しい。証拠を伴う不貞やDVであっても、離婚慰謝料は200万円前後と思われる。500万円が相当か、100万円程度かという議論を裁判官や依頼者としている間に、時間や日数ばかり過ぎてしまう。あれもこ

れもと欲をかきすぎて，結局全部だいなし，というのではグリム童話やイソップ童話と同じであろう。慰謝料請求をする場合，非現実的な金額を主張するのは考え直した方がよい。

　更に被保全権利で考えるべきことは，本案訴訟でも同じ結論でいけるか，ということである。仮差押えで執行され，仮に押さえられた権利は，本案訴訟で判決を得た場合，本執行をされることになる。このとき，判決で認容された権利と被保全権利が同一でなければ，本執行が困難となる。保全のときに慰謝料を被保全権利としたが，判決では慰謝料は否定され，財産分与請求権が認められた，というと，この処理は相当厄介である。

　和解や調停が成立する場合，和解の内容は，債権者が仮差押えを取り下げ，その金銭を債務者が受領し，直ちに債権者に支払うという条項が付されることが多い。債務者側に弁護士代理人が就任しており，代理人が責任をもって手続をするというのであればまだよいが，債務者が本人調停や本人訴訟をしている場合，債務者が仮差押え対象を受領した後，これを和解調書どおりに支払わない場合は，深刻なトラブルになる。私は，手間をかけても和解調書などで本執行をするようにしている。そのため，和解をするとしても仮差押えの被保全権利と本案で和解をする権利は同一でなければならない。被保全権利は最終的に本執行をするに堪えるものでなければならない。

　保全だから被保全権利はある程度おおざっぱでもやむを得ない，本訴のときにきちんと特定すればよい，などと思っていると大失敗をする。保全の段階から，被保全権利はきちんと吟味し，特定しなければならない。

POINT 5

☑ 財産分与請求権の特定方法

　添削前の起案例の財産分与請求権の特定を見てみよう。夫の退職金に対し，その額の計算をし2分の1を請求するとしている。ちょっと待って欲しい。他に財産分与の対象となる共通の財産はないのか，という疑問が沸き起こる。

　財産分与は，家裁が，当事者双方がその協力によって得た財産の額その他一

切の事情を考慮して，分与をさせるべきかどうか並びに分与の額及び方法を決めるとされている（民法768条3項）。財産分与は個別財産に対する権利ではない。財産分与の額を決めるためには，夫婦の共通財産やその財産ができるに至った事情が裁判官の前に出されないと決められない。そうであれば，被保全権利として財産分与請求権を主張するに当たっても，財産分与の対象となる財産はきちんと特定して計算をする必要がある。

　本件では自動車やマンションなど夫婦の共有財産だと思われるものを適示している。また債務者の預金についても，夫婦間で所得差が大きく，妻にほとんど預貯金がない反面夫にある程度預貯金があると見込まれる場合，お互いの名義の預貯金を潜在的共有財産として財産分与の対象とすべき場合がある。この点修正後の起案では，本案訴訟や調停において，債務者の預貯金の開示を求める前提で，保全手続において債務者の預金を財産分与の対象として，計算をしている。こうしても，退職金を差し押える額に影響はない。このあたりは保全手続の準備で限られた時間であるが，依頼者から預貯金の形成過程を聴取して判断する必要がある。

　また，財産分与の計算方法についても，書面を読んだ裁判官が疑問を抱かないよう，書面上で説明が完結していなければならない。添削前の起案例では，退職金の財産分与対象期間について，同居の期間で案分しないのか，という疑問が出る。「この点は債務者が争う場合は，別途主張します。」と言ってしまってはアウトだ。仮差押え手続は債務者の審尋を予定していない。裁判官は申立債権者の主張の正当性を吟味して，発令するかしないかを決める。債権者にとっては金額が減ってしまうような主張でも，それが最終的な権利を決めるために必要であれば，被保全債権の特定として保全の段階で債権者側が主張をしなければならない。裁判官に疑念を抱かせないということである。

　この点は，交通事故の損害賠償額を定めるときに，公平・客観的に過失相殺を主張するということも同じだろう。

　そしてもう一つ。本件では退職金の計算で必要な直近の給与明細が入手できなかった。そのため1年以上前の給与明細を提出している。そのこともどこかで指摘をしておくべきである。こんな些細な点でも，裁判所から問い合わせが

あり，報告書や申立書の訂正が求められた場合，その分時間が無駄に過ぎてしまうことになる。

☑ 目録もミスがないようにしよう

　目録は，債務者や第三債務者が直接目にするものである。ミスがあると保全の効力が生じなかったり，間に合わなかったりする。特に給与や退職金の仮差押えをする場合，第三債務者のどの部署宛に裁判所の命令が届けば確実に処理をしてもらえるのかを，申立直前に確認した上で当事者目録を作成する必要がある。大きな企業であれば，本店宛なのか支店宛なのかも確認しなければならない。これを間違えると，再度送達をすることになり，送達が奏功するまで1週間かかるということもある。

　この点，事前に仮差押えをするという情報をどこまで出すべきかという問題があるが，数日後には裁判所から決定書が届くはずである。第三債務者である会社などには，「近々裁判所より仮差押えの命令を出してもらう予定ですが，送り先をどこにすればよいでしょうか。」とごく簡単に尋ねれば，大抵，送付先の部署を教えてくれる。大企業であれば，従業員に関する裁判所からの決定が届くというのは珍しくない。

　逆に，個人経営の小さな会社では，要注意である。うかつに照会をすると社長から債務者に情報が伝わる可能性がある。その結果，退職を早められたり，様々な妨害がされたりするかもしれない。この判断はケースバイケースであろう。

AFTER

添削後の起案例

債権仮差押命令申立書

令和元年 10 月 11 日

東京家庭裁判所　民事部　御中

　　　申立債権者代理人　弁護士　　　学　陽　太　郎

　　　　当　　事　　者 ⎫
　　　　請　求　債　権 ⎬　別紙目録〔略〕記載のとおり
　　　　仮　差　押　債　権 ⎭

申立の趣旨

　債権者の債務者に対する上記請求債権の執行を保全するため，債務者の第三債務者に対する上記仮差押債権は，仮に差し押さえる。

　第三債務者は，債務者に対し，仮差押えに係る債務の支払いをしてはならない。

との裁判を求める。

申立の理由

第1　被保全権利
　1　当事者
　　債務者は昭和 34 年 10 月 15 日生，現在 59 歳である。
　　債務者は昭和 58 年 4 月 1 日に，大日本鉄道株式会社に入社し，現在同社事業開発本部長である。債権者は本年 10 月末に定年退職の見込である。
　　債権者は昭和 35 年 12 月 9 日生，現在 58 歳である。債権者は住所地近くの食品スーパーでパートをしている。
　　債権者と債務者には長男奈以斗（平成 7 年 2 月 15 日生）がいる。長男はアメリカの大学を卒業後，現地で就職している。
　2　債権者と債務者の同居生活
　　債権者と債務者は昭和 60 年 10 月 1 日に結婚をし，同日から同居

を開始した。

　債権者，債務者及び長男は平成 10 年から住所地のマンションに居住し，生活をしてきた。しかし，下記の債務者による女性問題を契機に，債務者は令和元年 9 月 28 日にマンションを引っ越した。債務者の転居先は不明である。現在マンションには債権者が一人で住んでいる。

3　離婚原因

(1)　令和元年 9 月 3 日午前 7 時頃，債務者の出勤前，居間においてあった債務者のスマートフォンに LINE メッセージを受信したことを知らせる通知音がした。債権者がスマートフォンの画面を見たところ，『れら』という人物から，ハートマークと『おはよ！』などと記載されたメッセージが表示されていた。

　債務者は慌てた様子で債権者の手からスマートフォンを取り上げたため，債権者が，その女性は誰か，と尋ねると，債権者は，「会社の部下だ。」「怪しい関係は何もない。」などと言い残し，そのまま出勤した。債権者が自宅にあった債務者の勤務先の社員名簿を確認したところ，債務者が所属する事業開発本部に「神出麗羅」という女性従業員がいることが判明した。同日 8 時頃，債権者は債務者に対し LINE で「神出さんって，めずらしい名前ね。なんて読むの」と送信したところ，間もなく債務者から「お前みたいなやつとは離婚だ！」「退職したら時間ができるから，このマンションは売却して離婚してやる！」との返信があった。

　それ以来債務者は債権者を無視するようになり，本年 9 月 28 日に引っ越し業者を利用して転居した。その後債務者の転居先について債権者が尋ねても，債務者は回答を拒否している。

　債務者は債権者に対し，連日 LINE で「マンションから出ていけ。」「離婚しろ。」などとメッセージを送信した。

(2)　債務者は女性からの LINE について，これを債権者から追求されるときちんと説明することもなく，一方的に怒り，勝手に引っ越しを敢行し，以後所在を明らかにしない。また債権者と債務者が長年生活をしてきたマンションを早急に処分すると明言し，債権者に対し離婚に応じるよう迫っている。

　このような態度を見て，債権者においても，今後債務者と婚姻関係を継続することは困難だと考えている。

よって，債権者と債務者の婚姻関係は，債務者が自宅を引っ越して所在を明かさず，離婚に応じるよう要求していること，債権者においても今後婚姻関係を続けることは困難だと考えていることから，婚姻関係を継続しがたい重大な事由（民法770条1項5号）が存在するというべきである。

4　財産分与請求権

　　債権者は債務者に対し，次のとおり離婚に伴う財産分与請求権を有する。

　　財産の評価時は，令和元年9月末として計算をした。

（1）　債権者名義の財産

　　　以下の預貯金以外にはない。

　　　　○○銀行○○支店　普通1234567　　14万4982円

　　　　△△銀行△△支店　普通1234567　　 8万　566円

　　　　合計　　　　　　　　　　　　　　　22万5548円……①

（2）　債務者名義の財産

　　ア　不動産マンション（別紙不動産目録〔略〕記載のとおり）

　　　　評価額　1400万円（1500万〜1300万円の中間値）

　　　　住宅ローン残高　　　　　　　　1342万6800円

　　　　差額　　　　　　　　　　　　　　57万3200円……②

　　イ　債務者名義の預貯金

　　　　債務者が保管し，現在別居しているため判明しない。

　　ウ　退職金　2929万円……③

　（ア）　債務者の勤務先は満60歳となる月の末日をもって定年退職となる。その後再雇用制度はあるものの，退職金は定年退職日を基準に支払われる。

　　　　　債務者の退職金の支給額は，次の計算により算出される。

　　　　　退職時の基本給×勤続年数×1.4

　　　　　債務者の直近の基本給は判明していない。ただ，債務者の平成30年4月時点での基本給は62万4000円である。債務者の定年退職時の基本給がこれよりも下がることはない。

　　　　　債務者は昭和58年4月1日に入社し，令和元年10月30日に退職予定であるため，勤続36年（端数切り捨て）となる。

　　　　　よって，債務者に支給される退職金は，少なくとも，

　　　　62万4000円× 36 × 1.4 = 3144万9600円

　　　となる。

　（イ）　債権者と債務者は昭和60年10月1日に結婚し，令和元
　　　年9月末までの34年間同居を継続してきた。

　　　　退職金を婚姻の同居期間に応じて計算すると次のとおり
　　　となる。

　　　　3144万9600円× 34年 ÷ 36年6ヶ月 ≒ 2929万円

　　　となる。

　エ　自動車

　　　債務者は別紙自動車目録〔略〕記載の自動車を所有する。同車
　　は登録後12年を経過し，走行距離も10万キロメートルを超え
　　ていることから，財産分与として評価をしない。

（3）　財産分与の計算

　　ア　債権者の財産合計（①の額）　　　　　22万5548円……④
　　イ　債務者の財産合計（②＋③）　　　　2986万3200円……⑤
　　ウ　財産分与額　　　（④＋⑤）÷2　　1504万4374円……⑥
　　エ　債務者から債権者への分与額　⑥－④　1481万8826円

　　　以上より，債権者は債務者に対し，財産分与請求権として
　1481万8826円を請求する権利を有する。

第2　保全の必要性

　　債権者は債務者を相手方として夫婦関係調整調停（離婚）を申し立
　てる予定である。また調停で離婚が成立しない場合は人事訴訟を提
　起して解決をする必要がある。

　　債務者に対しては今月末以降数日のうちに3000万円を超える退
　職金が支払われる見込である。これについて債務者は債権者に渡さ
　ないことを明言している。

　　債務者が退職間際に一方的に同居を解消し，以後所在を明らかに
　していないこと，退職金も渡さないと明言していることから，調停
　や裁判での解決を待っていては退職金が隠匿されてしまい，債権者
　に財産分与がなされないおそれがきわめて高い。

　　また，債務者については退職金以外にみるべき財産は見当たらな
　い。

　　よって，債務者の退職金請求権を仮に差し押さえる必要性が高い
　ため，申立ての趣旨記載の裁判を求める。

疎明方法

証拠説明書記載のとおり

添付資料

甲号証　　各1通
委任状　　　1通

別紙
　　　　　　当　事　者　目　録
〔略〕

別紙
　　　　　　請　求　債　権　目　録

金1000万円
　ただし，債権者が債務者に対して有する離婚に伴う財産分与請求権金
1481万8826円の内，金1000万円
　　　　　　　　　　　　　　　　　　　　　　　　　　　　　　以上

別紙
　　　　　　仮　差　押　債　権　目　録

金1000万円

　ただし，債務者（大日本鉄道株式会社本社勤務）が本決定送達後令和元
年12月31日までの間に第三債務者から支給される退職金より法定控除
額を差し引いた残額の4分の1にして，頭書金額に満つるまで
　　　　　　　　　　　　　　　　　　　　　　　　　　　　　　以上

裁判官からひとこと

1 仮差押命令申立書の不出来には，ホトホト困っている……

「牧田マジック」も，いよいよ最終段階を迎えた。牧田弁護士が締めくくりとして選んだお題は，仮差押命令申立書であるが，実のところ，私自身は，仮差押命令申立書の出来の悪さに困ることが意外に多いという印象を持っている。

仮の地位を定める仮処分命令申立書の場合，債務者が立ち会うことができる審尋の期日をへることが原則となっているなど，本案事件の審理に近い手続を踏むことが影響しているのか，債権者代理人も十分な理論武装をしてきているな，と感じるものが比較的多い（例外もあるけれど。）。これに対し，仮差押命令申立書の場合，この点において不十分なものが少なくなく，というか，最近になってそれが多くなったという思いを抱いている（とんでもない例としては，「仮差押命令申立書」と冒頭に記載されているのに，金銭債権を被保全権利としているようには読めないものに遭遇したことがあった。）。そういう思いを抱いている裁判官からすれば，牧田弁護士が，最後の最後に「仮差押命令申立書」を採り上げたことに対して，「よくぞやってくれました！」という思いを抱かずにはいられない……。このフレーズ，実は「事件名（訴訟物）と請求原因の不整合」に関する部分（第 2 編第 2 章お題 6）のコメントで「よくぞ言ってくれました！」をもじったものであるが，それだけ，「牧田マジック」は素晴らしいということなのだ。

2 再説「民事保全手続を軽く考えないで」

お題 9 に「やり直しは命取り」とあるが，正にそのとおりである。ところが，

最近，弁護士がその点を意識しないまま不完全な申立書を作成し，それに気付かないまま裁判所に提出していることが多くなっているのではないだろうか。弁護士の側において，申立書の出来が多少悪くても，債権者審尋の期日で口頭で説明または補足をすればなんとかなると考えていることはないだろうか。

　そもそも，債権者審尋は，庁によってはほぼ全件について実施しているところもあるが，他の庁では必ずしもそうではない。申立書の出来が悪いと，最悪の場合，債権者審尋で説明ないし補足する機会を与えられないまま，却下決定がされてしまうことも考えられる。

　私は，前著『民事裁判手続』において，次のように書いた（同書 45 頁以下）。

　「最近，比較的若い弁護士が，民事保全手続を軽く考えて，制度や手続法規についての理解が不十分のままで申立てをしているケースが増えているように思われる。所詮『仮』の手続であるから，法理論や事案についての準備が手薄でも何とか処理できるという誤解を抱いているように思えてならない。」

　お題 9 では，タイムスケジュール管理の重要性について説かれているが，民事保全は「時間との戦い」であり，また，時間が限られているので，失敗した後の立て直しが極めて困難な手続なのである。弁護士の皆さんには，是非とも，民事保全手続を軽く考えないでいただきたい。

３ 離婚に関する実体法規をちゃんと勉強してますか？

　さて，牧田弁護士が最後に採り上げたお題 9 の実体面は，離婚とそれに伴う財産分与が問題となっている。ここで再び，「よくぞやってくれました！」と叫びたい。

　再び前著『民事裁判手続』で書いたことの繰り返しをさせていただくと，「離婚事件を受任している若手の弁護士の中に，家族法の知識が不十分な者が多くみられるようになってきた。」「『婚姻関係は理論的に考えずに感情ないし感覚の問題として処理すれば何とかなる。』という認識の下に，離婚事件を受任しているのではないかと疑ってしまう。」（同書 46 頁）。

　私が何を言いたいのかについては，これでご理解いただけたと思う。お題 9

は，仮差押命令申立書の作成について論じている中で，離婚に関する実体法規をきちんと押さえるべきことについても併せて論じている。離婚原因となるのはどの事実なのか，それが民法770条1項の何号に該当するのかをきちんと踏まえるべきところ，「最終的には5号で拾ってもらえるだろうから，何号に該当するかは曖昧なままでいいや。」と思いながら書面を作成していることはないだろうか。また，慰謝料は，離婚原因を構成する事実に基づく慰謝料であろうが，離婚に伴う慰謝料であろうが，不法行為に基づく慰謝料なのであり，不法行為の成立要件を具備していなければならないが，同法709条の規定に定められた要件を頭に入れた上で書面を作成しているだろうか。そういった点を，よく注意していただきたいと思う。

4 財産分与と共有物分割

ついでといってはなんだが，財産分与が問題となっているので，普段から気になっている点について触れさせていただく。

お題9に「潜在的共有財産」という文言が出ている。他方，財産分与が問題となると決まって登場するのが，「夫婦共有財産」という文言である。財産分与の問題において，共有財産というのはいかなる意味を持つのであろうか。

財産分与とは，狭い意味では「夫婦が婚姻中に有していた実質上共同の財産を清算分配」する制度であり（最判昭和46年7月23日民集25巻5号805頁参照），自己名義の財産を少ししか有していない側（大抵は妻）が，自己名義の財産を多く有している側（大抵は夫）に対し，相手方名義の財産の一部（場合によっては全部）を，財産形成の貢献度（大抵は50パーセント）に応じて分与することを求め，分与された財産を自己の物とする制度である。

夫婦か婚姻後に購入した不動産について，夫が10分の7，妻が10分の3の割合で共有しているような場合を例にすると，これを夫の単独所有とし，夫から妻に対し不動産の価格の10分の3に相当する代償金を支払わせるのは，共有物分割（民法256条以下）である。他方，この例で，妻が夫との離婚に際し，不動産の2分の1相当の財産が欲しいという場合には，夫の持分のうち10分

の2相当の財産を，夫から妻に移す必要があるが，この10分の2相当分の財産を移転させるのが，財産分与である。すなわち，元々夫婦が実体法上の共有持分を有しているのを，持分割合で分割するのは共有物分割であり，どちらか一方の単独所有の財産について，他方が，財産形成の貢献度を根拠としてその一部（場合によっては全部）を分けてもらうのが，財産分与であって，財産分与は，相手方当事者の単独所有の財産を「奪い取る」制度である。財産分与を請求する側は，当該財産について実質的ないし潜在的に権利を有していることを主張・立証して，分与の実現を目指す（正確に言えば，請求者は当該財産についていまだ実質的ないし潜在的にもまだ権利を有しているわけではなく，権利を有するに至るための「萌芽」のようなものを持っているにすぎないというべきであろう。）。

　言うまでもないが，裁判手続においては，家裁でする財産分与の手続の中に，本来は地裁ですべき夫婦間の共有物の分割の手続を盛り込むことは可能であり，両方を併せて主張・立証することはできる。しかしながら，法律のプロである弁護士であれば，理論的には両者をきちんと区別し，すでに共有持分を有し合っている物を分け合う共有物分割で処理すべき場面なのか，それとも相手方が単独で有する財産の一部（場合によっては全部）を奪い取る財産分与で処理すべき場面なのかを，きちんと踏まえて主張・立証することが望まれる。

5　仮差押命令申立事件で，債務者の認否を求める？？？

　お題9にあるとおり，債権者代理人が，裁判官に対して，「債務者が争う場合は，」と言ってしまってはアウトだ。この点についても，前著『民事裁判手続』で書いたところを持ち出させていただくと（同書45頁），実際にあった例で，仮差押命令申立事件の被保全権利（金銭債権）の疎明が全くないので債権者代理人に提出を指示したところ，「債務者が被保全権利を認めることはまず間違いなく，自白が成立するから疎明は必要ない」との趣旨の回答をしてきたことがあった。

　民事保全手続は，仮の地位を定める仮処分命令申立事件を除いては，債務者

に悟られないうちに保全命令を発し，執行を掛けておく必要があることを理解していれば，債務者審尋をしないことは当然理解できるところであって，先のケースは，弁護士が民事保全手続の重みをわかっておらず，仮差押命令申立手続についての勉強が不十分のまま，申立書を作成したことを示す一つの例と思われる。くれぐれも，このような形で裁判官の信頼を損ねることのないよう，注意していただきたい。

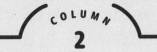

起案は「トリアージ」 してから進めよ

起案に取り掛かったものの，別の起案もやらなければならないことに思い至り，目の前の起案に集中できない，ということがある。症状が重くなると，仕事が手に付かなくなる。仕事が手に付かないと仕事が溜まる。そういう深刻な相談を，他の弁護士から聞くことがある。

どんなに優秀な人でも，二つのことを同時にこなすことはできない。ならば，今は一つに絞って他方は忘れ去るしかない。そう割りきって，仕事の優先順位をつける。いわば仕事を「トリアージ」する。

例えば，今日の仕事の終わりに，明日やるべきことを記録とともにピックアップして，空いている棚に取り分けておく。そして優先順位を付ける。トリアージのコツは，細切れの仕事か，頭は使わないがひたすら時間がかかる仕事か，集中しないとできない仕事かで選別し，どの時間帯に入れるかを決めることである。例えば，日中は電話もかかって来るし，来客もあるだろうから，簡単な起案や電話連絡など細切れ時間を使ってどんどん片付けてしまい，じっくりやるべき起案は夕方から取り掛かる，という具合である。難しい仕事だからといって，朝からやろうとすると，電話や来客などで集中できずに失敗することがある。

そして仕事のトリアージをしたら，迷わないこと。起案が進まないからといって「やっぱりあっちの仕事を先に終わらせた方がいいかな」などと考えない。完成しなくても，構成や見出しを書く，問題点と調べるべき課題を書き出すなど，できるところまで進めよう。その日に終わらなかったとしても，その日の到達点を示しておけば，後日起案の続きをするときにそこから再開できる。途中で終わるときは，必ずその日の成果を残して終了しよう。

あとがき

　前著『裁判官はこう考える　弁護士はこう実践する　民事裁判手続』が発行されて間もなく，学陽書房編集部から牧田弁護士と私に対して，新たな企画での執筆をして欲しいとのお話があった。前著は，もともと私が考えた企画に牧田弁護士を引き入れたものであったが，前著の執筆を終えた時点で私自身の頭の中はもう枯渇状態になっており，心の中では「もう何もアイデアが浮かばないよ。」というのが率直な思いであった。そこへ，牧田弁護士の方から，牧田弁護士が弁護士の作成する文書についてアドバイスをし，それについて裁判官が意見を加えるという企画はどうかとの提案がされた。

　私としては，牧田弁護士が新たな企画を提案したことに感心するばかりであったが，そこで新たな悩みが生じたのである。それは，「弁護士の作成する書面に裁判官が口を挟んでも，読者である弁護士の方々にとって意味があるのか。」という思いであった。裁判所に提出する書面についてはともかく，それ以外の書面について，一体何が書けるのだろう。引き受けてはみたものの，モヤモヤ感というか，不安は続くのであった。

　ところが，牧田弁護士が最初にいきなり「なぜ文章作成は苦手？」というテーマを掲げてきたのを読んで，僅かではあるが目の前が明るくなった。「それならば，ここでは思い切って，文章作成についての苦手意識について書いてみよう。」という気になったのである。私自身も文章を作成するのに相当苦しんだ思い出があるが（この年齢になっても，国語の授業や宿題としての「作文」，「読書感想文」という言葉の響きには，イヤ〜な思いがする。），同時に，文章を作成するのが楽しく感じられる体験をしたことを思い出した。それが，第1編第1章に対する「裁判官からのひとこと」で書いた，高校時に部員でノートの回し書きをしたこと，北米出張の際に書記官宛に「北米だより」を書き続けたことである。裁判官も人間，弁護士も人間であって，多数の人が嫌うことは，弁護士も裁判官も嫌う。裁判官でありながら，裁判官に限らない悩みについて共感しつつ，思うところを書いてみようと考えるに至り，執筆を続けてきた。

今になって思い起こせば，本書の執筆を引き受けた当時のモヤモヤ感も，結局のところ，「一体何を書いたらいいのだろう。」という点が定まっていなかったことが大きい。ここでも繰り返すが，何を書くかをしっかり定めた上で，事前準備に時間を掛けてから，実際に筆をおろすことが必要なのである。

　とはいうものの，私の執筆部分に関しては，果たして読者の方々に役に立つものとなったのかどうかは，よくわからない。弁護士の業務に裁判官が口を挟んでも，それが弁護士にとって有益なものであるとは限らないし，私自身，有益だと言い張れるだけの自信はない。ただ，弁護士でない者が，違う立場からものを言うことについては，多少なりとも意味がある部分が生じているのではないか。今は，そのように自分に言い聞かせて，今回の執筆に携わったことについて，納得しようとしているところである。

　それに対して，牧田弁護士の手による「牧田マジック」は，読者，特に弁護士の方にとって有益であることは間違いないので，是非ともその内容を十分に踏まえて，あらゆる文書の作成に磨きをかけていただきたい。

　さて，これをもって「牧田マジック」が終了する。読者の皆さんは，このマジックにかかったことで，文書作成能力を一気に伸ばすチャンスを得たこと，間違いなし。ただ，「牧田マジック」はあくまでもチャンスを提供するものであって，能力を伸ばせるかどうかは，ひとえに，読者の皆さん各自の努力にかかっているのである。その点を一言触れておかないと，誇大広告の問題になりかねない……。

　それから，私のコメント「裁判官からひとこと」で盛んに繰り返した点を，なお復唱させていただく。文章を作成する際は，「読み手という相手を尊重すること」。

　最後に，読者の皆さんの御努力により，文書作成能力を伸ばされることを祈念するとともに，チャンスを提供してくださった牧田弁護士と「牧田マジック」を称えて，「カンパ〜イ！」。

2020 年 1 月吉日

　　　　　　　　　　　　　　　　　　　裁判官　柴﨑　哲夫

◆著者紹介

牧田　謙太郎（まきた　けんたろう）
弁護士（柏綜合法律事務所）

●略歴
1997年　早稲田大学法学部卒業
2001年　弁護士登録（千葉県弁護士会）
2013年　千葉県弁護士会副会長
2017年　千葉県弁護士会松戸支部支部長
千葉県児童虐待対応法律アドバイザー
法務省人権擁護委員
柏市教育委員
千葉県市川児童相談所　嘱託弁護士
千葉県スクールロイヤー

●主な著書・論文
『慰謝料算定の実務　第2版』ぎょうせい，2013年（共著）
『裁判官はこう考える　弁護士はこう実践する　民事裁判手続』学陽書房，
2017年（共著）

●主な講演実績
「学校内における体罰事例について」2011年　千葉県内県立高校教員研修
「虐待ケースの法的対応」2016年　千葉県内児童相談所職員研修
「それでも体罰やりますか」2016年　千葉県内県立高校教員研修
弁護士会内研修講師，高校生対象講座講師なども勤める。

そのほか，難しい話をわかりやすく伝えるよう，日々心がけている。

柴﨑　哲夫（しばさき　てつお）
東京高等裁判所・東京簡易裁判所判事

●略歴

1984年　早稲田大学法学部卒業

1988年　名古屋地方裁判所判事補

1990年　前橋家庭・地方裁判所判事補

1993年　青森家庭・地方裁判所判事補

1996年　東京地方裁判所判事補

1998年　同判事

1999年　福島地方・家庭裁判所相馬支部長

2003年　東京地方裁判所判事

2006年　さいたま家庭・地方裁判所川越支部判事

2011年　横浜家庭・地方裁判所判事

2015年　千葉地方・家庭裁判所松戸支部判事

2018年　東京高等裁判所・東京簡易裁判所判事

●主な著書・論文

「家庭審判法24条審判の分析と展望」（『家庭裁判月報』第46巻第10号所収）
最高裁判所事務総局，1994年

『民事訴訟法辞典』信山社，2000年（共著）

『裁判官はこう考える　弁護士はこう実践する　民事裁判手続』学陽書房，
2017年（共著）

●主な講演実績

千葉県弁護士会松戸支部内研修講師　2015年，2017年

そのほか，弁護士との懇談を通じて，裁判手続における裁判官と弁護士相互
間のコミュニケーションの在り方について検討している。

弁護士はこう表現する　裁判官はここを見る

起案添削教室

2020 年 1 月 24 日　初版発行
2020 年 5 月 22 日　4 刷発行

著　者　　牧田　謙太郎・柴﨑　哲夫
発行者　　佐久間重嘉
発行所　　学陽書房

〒102-0072　東京都千代田区飯田橋 1-9-3
営業　電話　03-3261-1111　FAX　03-5211-3300
編集　電話　03-3261-1112
振替　00170-4-84240
http://www.gakuyo.co.jp/

ブックデザイン／スタジオダンク
DTP制作・印刷／精文堂印刷　　製本／東京美術紙工

現役法曹二者、
ここまで腹を割るか！

民事裁判の流れに沿って、法曹二者が互いに意見交換！ 弁護士実務のテクニックも、裁判官の胸の内も満載。若手もベテランも、新しい気付きがここに！

裁判官はこう考える　弁護士はこう実践する
民事裁判手続

柴﨑哲夫・牧田謙太郎 ［著］
A5判並製／定価＝本体2,800円＋税

尋問は、「慣れる」より「習え」!

上達が難しい民事尋問について、著者の経験値を言語化!　具体例を豊富に取り上げながら、うまくいかない尋問の原因と対策を明らかに。

若手法律家のための
民事尋問戦略

中村 真［著］

A5判並製／定価＝本体3,200円＋税

業界騒然のタッグによる対談本！

中村真弁護士が岡口基一裁判官へインタビュー!? 書面、証拠提出、尋問、和解、判決……。裁判官が考える訴訟戦略のポイントを惜しみなく紹介！

裁判官！ 当職そこが知りたかったのです。
―民事訴訟がはかどる本―

岡口基一・中村 真［著］

A5判並製／定価＝本体2,600円＋税